Confesiones
de Miguelito

Liminal Books es un sello editorial de Between the Lines Publishing. El nombre y el logotipo de Liminal Books son marcas comerciales de Between the Lines Publishing.

Arte original de Gabriela Escovar
Diseño de portada por Cherie Fox

Between the Lines Publishing
1769 Lexington Ave N., STE 286
Roseville MN 55113
btwnthelines.com

Primera publicación: marzo de 2023

ISBN: (Tapa blanda) 978-1-958901-31-1

ISBN: (libro electrónico) 978-1-958901-32-8

Confesiones de Miguelito

Miguel A. De La Torre

Dedicado a
Deborah,
cuyas huellas
se encuentran
en este manuscrito y
en mi vida

La Habana feliz

Según el viejo policía, él era la única persona que quedaba en la tierra, una dura consecuencia de la actitud egoísta que había adoptado a lo largo de toda su vida. Con frecuencia, en sus ataques de ira, bramaba que su único deseo era que le dejaran tranquilo en su pequeño apartamento con su caniche, al que llamaba Baby, lejos de su mujer y su hijo a los que tenía rencor, y que percibía como si fueran una cruz a cuestas. Expresaba todo tipo de pensamientos cuando su mente estaba lúcida y su cuerpo todavía era capaz; pero ahora, el paso del tiempo lo había reducido a un lamentable y patético saco de piel y huesos. Algunos dirían que se merecía estar ahí solo, simplemente existiendo, ajeno a su alrededor, intentado recordar lo que sería mejor olvidar.

Durante su juventud, se le tuvo un respeto dominante, si el respeto se puede ganar a través del temor y la intimidación. Era un hombre muy alto, delgado durante sus años jóvenes, con una ligera barriga durante su mediana edad, y ahora, bastante demacrado. Era difícil imaginar que ese cuerpo

1

delicado y frágil que ahora ocupaba espacio había caminado en su momento totalmente derecho, con una columna vertebral de hierro adquirida por su entrenamiento militar. Su larga estructura no se ajustaba bien a una cama individual, por lo que sus pies curvados colgaban sobre el borde. Su cabello canoso le llegaba hasta la clavícula mientras que una barba desgreñada cubría la parte inferior de su rostro; un aspecto que él hubiera menospreciado si tuviera conciencia de sí mismo. Podrían haberle confundido con una versión envejecida de *los revolucionarios barbudos* – aquellos revolucionarios con barba – que el capturó una vez en las montañas del este de Cuba en la mitad del siglo pasado. Su tonalidad similar a la tiza suplantó lo que en su momento fue la tez lechosa saludable que revelaba su ascendencia gallega. Al olvidar, semanas antes, cómo tragar, no pasó mucho tiempo antes de que comenzara a consumirse literalmente, mientras su piel curtida se aferraba a sus huesos con todas sus fuerzas.

Durante las veinte horas anteriores, el pañal para adultos que llevaba seguía seco, mientras que sus muslos empezaban a enfriarse, una clara indicación para el personal del Happy Havana Retirement Village de que pronto tendrían otra cama disponible para un cliente de su lista de espera. La enfermera de la residencia le había extraído sus dentaduras por su propia seguridad, temiendo que pudiera atragantarse si se soltaban o desplazaban. Además, nadie quería asumir otra demanda por negligencia. Con nada robusto que enmarcara su rostro, la piel se hundía en sus huesos, creando un orificio hueco donde estaba la boda en su momento. Parecía como uno de esos esqueletos andantes con uniformes en blanco y negro de la

2

Segunda Guerra Mundial, descritos en las fotos de los campos de concentración.

La nutrición necesaria para mantenerlo con vida se proporcionaba a través de una sonda de alimentación GEP colocada directamente en su estómago, evitando el esófago. Este era uno de los múltiples tubos y cables que lo mantenían con vida. Meses antes, cuando era más consciente y tenía un poco de fuerza, se arrancó todos los tubos y cables que tenía en sus brazos como si fueran víboras con colmillos venenosos hundidos profundamente en sus venas, chupando la esencia misma de esa vida que se marchitaba. Estaba decidido a deshacerse de esas serpientes, creyendo que habían sido colocadas por un diabólico adversario imaginario. En su mente, uno de sus enemigos de antaño, le había secuestrado y ahora estaba llevando a cabo su dolorosa venganza. No estaba seguro de cuál de sus adversarios era el responsable. Tal vez se habían reunido todos para conspirar en su contra. O tal vez era su propia familia intentando acelerar su muerte para que pudieran heredar su riqueza imaginaria. ¿Quién sabe? Independientemente de quién estuviera detrás de su tormento, había decidido no dejarse someter y, por supuesto, no llevar sondas. Pero su constante resistencia provocó que el personal de la residencia tuviera que incrementar su medicación de morfina y que lo tuvieran que atar a la cama por su propia protección y su tranquilidad. Finalmente, la demencia progresó hasta un punto donde perdió todo contacto con la realidad. Ajeno a lo que le rodeaba, olvidó su confinamiento, las sondas y los cables.

Sus últimos momentos con vida los pasó en la habitación 28, no muy lejos del puesto de enfermeras en el vestíbulo. Las paredes de la habitación eran azul pálido en la parte inferior y un aburrido blanco roto en la parte superior, elegidos así porque varios estudios demostraban que esos colores inducen a la serenidad. Cuando se pintó originalmente, tal vez la habitación creaba un ambiente tranquilo y seguro para sus ocupantes; pero después de dos décadas de negligencia, las paredes estaban descoloridas y deprimentes. Una ventana, adornada con unas sucias cortinas amarillentas, mostraba los proyectos interminables de construcción de las autopistas de Palmetto Expressway que contribuirían a los terribles atascos de tráfico de Miami. La habitación 28 era el reflejo de las otras cincuenta y cinco habitaciones idénticas, construidas de manera masiva en lo que se llamaba centro de jubilación; un eufemismo de marketing para un edificio donde el aroma de desesperación y muerte se mezclaba con el hedor acre de los desechos humanos, que perduraba en las fosas nasales de los familiares que visitaban a sus seres queridos en coma horas después de que abandonaran las instalaciones. Este "centro de jubilación" era donde iban a morir aquellos que ya no podían razonar por sí mismos.

Tal vez sentía que estaba solo en la habitación, pero en realidad, una cortina de poliéster azul marino le separaba del otro compañero de habitación desconocido. Aun así, ni él, ni el extraño al otro lado de la cortina eran conscientes de su mutua presencia. El equipo directivo de Happy Havana descubrió que era posible maximizar los beneficios añadiendo una segunda cama y, recientemente, estaban considerando una tercera; así que pensaron, ¿había realmente algún problema si el viejo policía echaba en falta la privacidad? Por lo que le costaba a su hijo proporcionar a su padre unos supuestos cuidados médicos, uno debería esperar algo mejor. Pero, a decir verdad, se generan muchos ingresos a la hora de morir. Además, ¿quién desea escuchar el lamento de los ancianos, asumiendo que tienen los medios para hacerse oír?

Sin ahorrar nada para el futuro, el viejo policía se negó a invertir en ningún tipo de seguro que habría aliviado la carga financiera de sus cuidados. "*¿Para qué?*" gruñía a menudo, "¿Para que mi mujer pueda disfrutar del dinero con su futuro amante? *¡Qué se joda!* Por eso he tenido un hijo, para que me cuide cuando sea viejo." Si hubiera sido prudente, ya habría tenido unos buenos ahorros, pero el atractivo en las apuestas de las carreras de caballos había agotado sus reservas secretas de dinero en efectivo que mantenía escondido en rincones y grietas por toda la casa. Los eventos importantes de la vida, como la boda de su hijo, debían planificarse según el horario del inicio de la carrera. Siempre asumió que algún día tendría éxito y no solo viviría una vida de ocio y lujo, sino que también podría proporcionar todo tipo de riqueza a su hijo. Incluso, aunque la idea de dejarle una herencia a su hijo fuera absurda, verdaderamente creía que amaba a su hijo, y qué mejor manera de demostrarlo que dejándole dinero. Siempre que lograba ganar en las apuestas y tenía algo de dinero en el bolsillo, lo que no era demasiado frecuente, nunca dudaba en darle un Benjamin a su hijo para que pudiera disfrutar de una noche de juerga.

En su mente, se consideraba generoso; algo que era cierto si la generosidad se midiera en dólares. Pero si, en su lugar, la generosidad se midiera por el tiempo proporcionado, el aliento ofrecido, los abrazos y la ternura, entonces fue, en realidad, muy tacaño. Como era de esperar, sus pequeños actos de liberalismo con el dinero no fueron consecuentes a la hora de ayudar en sus días finales, sino que se convirtió en una sobrecarga para su hijo con el coste de unas instalaciones que apenas ofrecían el cuidado adecuado. Aun así, con la excepción de sí mismo, este niño era la única cosa que realmente amaba, pero a su propia manera disfuncional, incluso aunque siempre sospechó que su hijo tal vez no era verdaderamente suyo.

Si hubiera estado en posesión de sus plenas facultades, este momento de aceptación de la muerte podría haber sido terrible. Pasó toda su vida temiendo este inevitable momento, y ahora que ya lo tenía encima, no podía comprender completamente lo que le estaba ocurriendo, ya que lo tangible y lo imaginario se fusionaban en su débil mente. Afortunadamente, su demencia era tan aguda que mientras sospechaba que el tiempo se estaba desvaneciendo en la nada, al mismo tiempo era inconsciente del hecho de que se estaba muriendo. Sus recuerdos se confundían unos con otros en fragmentos inconexos, como los trozos astillados de cristal de una copa hecha añicos en un suelo de terrazo. Con frecuencia se comenta que antes de morir, uno es testigo de fragmentos de toda su vida. Él, sin embargo, tenía dificultades incluso para saber quién era.

"Aarrrggghh, coño, quiero café . . . ¿por favor, puede alguien traer un cafecito? . . . ¿dónde? . . . ¿niños . . . niños . . . niñas? . . . sin chancletas. . . niños . . . ¿cuántos? . . . uno . . . dos . . . ¿nombres? . . . tres . . . tres . . . ¿dónde están? Nadie . . . ¿dónde está el café? . . . ¿por qué no está mi hijo? . . . hijos de puta . . . arrgh . . . ¿por qué Dios? . . . coño . . . mijo. ¿cuál? . . . solo... por qué? . . . huelo el café . . . ¿por qué no puedo tomar uno . . . mijito, donde . . . solo . . . hmmmm café"

La gran ironía de este momento es que el viejo policía había vivido una vida con tanto miedo a morir que se había negado a vivir, prefiriendo siempre la cháchara radiofónica que acompañaba a los programas deportivos en los que hacía apuestas que hablar con amigos y familiares. Antes de la enfermedad que estaba devorando su mente, llevaba bien el manto de la insignificancia, siempre haciendo lo que era correcto a sus propios ojos. Y, sin embargo, se preocupaba constantemente por su final. Las fábulas infantiles del infierno y la condena, ilustradas por Hieronymus Bosch, lo llenaron de pavor, aunque mantuvo una fachada de *macho* impoluta, impidiendo siempre que otros se acercaran lo suficientemente como para brindarle confort, consuelo o amor. Le perseguía todo lo que había visto, y aún más importante, todo lo que había hecho – actos despreciables diseñados para mantener firmemente su careta de *macho*. Temía más que se le cayera la máscara y salieran a la luz sus inseguridades y debilidades que estar completamente solo. Aunque intentó convencerse a sí mismo y a cualquiera que escuchara relatos heroicos que reflejaban la vida de un patriota luchando gloriosamente contra los impíos males del comunismo, nunca pudo deshacerse por completo del sentimiento de vergüenza que lo carcomía asociado con las hazañas en las que se comprometió para proteger a Dios y guardar a su patria. ¿Por qué, tan a menudo, las peores atrocidades de la humanidad ocurren en nombre de Dios defendiendo la bondad frente a las fuerzas satánicas?

Con muy poco aliento restante, sus ojos repentinamente se abrieron por primera vez en varios días. En un momento, que duraría el resto de su vida, la niebla desapareció y se volvió más lúcido. Los recuerdos se precipitaron en su mente a medida que las sinapsis extinguidas durante mucho tiempo comenzaron de nuevo. Recordó. Tenía un hijo. También recordó que tenía una mujer de la que abusó y nunca apreció; murió de cáncer de pulmón debido al tabaco, uno de los peligros diversos a los que se enfrentaba cualquiera que viviera con él. El dolor de las relaciones tensas que había vivido se volvió tan intenso como cuando se sintió discriminado por primera vez. Mientras lamentaba lo que había perdido, sintió una presencia en su habitación además de la otra alma moribunda con la que compartía habitáculo. Esta presencia estaba muy viva, era más una energía que algo material. Forzó sus ojos por toda la habitación, tratando de ver a través de la oscuridad, pero solo había sombras en la penumbra. Intentó preguntar quién estaba ahí, pero no tenía la fuerza suficiente para mover su lengua y crear las palabras, lo más próximo fue gemir.

A medida que sus ojos se ajustaban a la oscuridad, detectó un movimiento en las borrosas esquinas de la habitación. Parecía como si éstas estuvieran repletas de sombras. Pero

¿sombras de qué? ¿Personas? No podía asegurarlo. Sus ojos se abrieron aún más reaccionando a un miedo en aumento que se apoderó de él mientras intentaba enfocar esas siluetas que ahora iban ganando definición. "Qué o quiénes eran," se preguntaba. Tenía la sensación de que no eran amigables, porque una energía maliciosa surgió de la nada. Sentía peligro. Quería gritar, escapar, pero lo único de lo que era capaz era de gemir - "aarrrggh."

Parecían haber pasado horas, incluso días, hasta que esta siluetas salieron de las sombras. En la vida real, la aparición completa fue solo una fracción de segundos, pero en su mente, el encuentro con su destino duró una eternidad. Cerca de una docena de rostros se volvieron poco a poco discernibles. A medida que las sombras se acercaban, empezó a reconocer algunas de las siluetas. Todas era jóvenes, amenazantes, airadas y sedientas de venganza. "Muerto… cómo … no… *comemierdas*", se llenaba su mente. Las palabras no podían captar el desprecio y a la vez el temor que los tenía. Si su mente estuviera en plenas facultades, todavía habría sido igual de confuso porque estas siluetas habían dejado de existir hacía mucho tiempo. Incluso si hubiera podido recordarlos por completo, no habría sido capaz de nombrarlos; así de insignificantes habían sido para él. Pero sus rostros, seguían siendo familiares incluso en la bruma del recuerdo. Eran hombres jóvenes en lo mejor de su vida con todo el futuro por delante y con unos finales muy violentos.

Sus ojos fueron lo último que vieron antes de que sus vidas se apagaran; por lo tanto, era lógico que volviera ahora para devolverle el favor. Aunque, al fin y al cabo, fue culpa de ellos mismos ponerse en esa situación y perecer, razonó consigo mismo. Si le hubieran presionado sobre sus finales violentos, se habría justificado culpándoles por elegir una ideología peligrosa. Él había intentado salvarles, había intentado proporcionarlos una salida a una perdición segura, habría argumentado. Pero, no le escucharon. Su obstinación es lo que los mató. No fue culpa suya; nunca fue culpa suya.

"Vete al carajo," le hubiera gustado decirles si al menos pudiera encontrar un hilo de voz. Pero, en realidad, no importaba, porque las sombras sabían lo que estaba sintiendo. Igualmente, e incluso un poco más desconcertante, fue que sentía su desprecio, escuchaba la cacofonía de sus pensamientos agresivos y amenazantes. Mientras que miraba desafiante a sus torturadores, notó un clérigo a la izquierda del grupo. Recordaba al sacerdote con cara de niño, incluso su nombre – Padre Pedro. Pero si esperaba que el clérigo había venido para proporcionarle la santa unción, estaba tristemente equivocado. De todas las siluetas en la sombra delante de él, esta era la que presentaba mayor hostilidad. Aunque el viejo policía casi no se podía mover, incluso estando petrificado por la muerte, aunque había vivido la vida como un cobarde, seguía llevando su careta de *macho* hasta el final. Si tenía que hacerlo, habría incluso mandado a Dios a "hacer gárgaras" para seguir engañándose a sí mismo. No, no suplicaría misericordia, perdón o gracia. No, nunca admitiría que estaba equivocado.

Mientras maldecía las sombras espectrales que rodeaban su cama, se fijó en otra silueta que destacaba del resto, también familiar, pero de un modo muy diferente. A pesar de que sus torturadores estaban encima de él, tan cerca que podía oler sus fétidos alientos, esta aparición, en particular, simplemente estaba allí de pie con una sonrisa amenazante. No mostraba ira, ni odio, sino más bien satisfacción, plenitud, incluso una forma perversa de sádico éxtasis.

Sus dientes blancos anacarados brillaban frente al fondo de su profunda, oscura piel. Al contrario del resto de los fantasmas, que ahora habían escalado a su cama y le presionaban fuertemente en el pecho haciendo difícil respirar de nuevo, esta silueta negra no parecía ser como las otras, un espíritu. Tenía una complexión muscular, no demasiado alta, pero muy robusta. Mientras que las etéreas manos agarraban el cuello del viejo policía, la "cuasi-deidad" negra permaneció erguida como un poderoso rey guerrero.

"¿Oggún?" El viejo policía le reconoció por sus pantalones y chaleco verde, sombrero plano de paja y bandolera de piel de tigre adornado con conchas de cauri. En su mano izquierda llevaba un machete largo. "Oggún, *baba* - ¿no me vas ayudar, padre?" se preguntó. ¿Por qué el poderoso guerrero no estaba liquidando a sus perseguidores a golpe de machete? Si quisiera, la deidad caníbal podría golpear a estos espíritus perturbadores como si no fueran más que molestos mosquitos. Oggún, el *orisha* que se deleita en medio de una carnicería, siempre presente dondequiera que haya accidentes, matanzas, guerras o derramamientos de sangre, simplemente estaba ahí de pie, sonriendo. Algunos, como el viejo policía, se veían reflejados en el derramador de sangre, encontrando consuelo y orgullo en ser el hijo fiel de tan formidable guerrero *orisha*. Pero ahora, a la hora de la verdad, lo único que el viejo

11

policía sentía era abandono por parte de la deidad a la que había servido fielmente.

Miró directamente a los ojos negros de Oggún. Y aunque éste no estaba haciendo nada por defender a su devoto de las sombras amenazantes, el viejo policía buscó inútilmente en vano una eludida calma en la presencia de Oggún. Miró fijamente a esos ojos oscuros, perdiéndose en su profundidad. La oscuridad de esos ojos sonrientes comenzó a tirar de él, envolviendo su cama, su ser, toda su existencia. Todo lo que podía sentir era una nada profunda cercándole. Luchó contra corriente, pero se encontró hundiéndose más profundamente en la oscuridad de esos ojos tintados de negro. Se había ahogado, a medida que la vacía noche le inundaba, ya no podía respirar. No había ninguna luz blanca a la que dirigirse, ningún túnel con amigos y familia que te guiaban el camino, simplemente solo la inconsciencia absoluta que solo se volvió más oscura y sombría. Y justo antes de que todos los sentidos llegaran a una extinción final, percibió un ligero aroma a *café*.

En el vestíbulo, a unos veinte metros de donde él se estaba muriendo, estaba el puesto de enfermería. Hasta hacía poco, había dos enfermeras trabajando por turno, pero los recortes del personal para incrementar los márgenes de beneficio redujeron el nivel "adecuado" de cuidados médicos ofrecidos a los residentes de Happy Havana. Ahora solo se requería una enfermera o enfermero para el turno de noche. A Tomás Sánchez no le importaba trabajar solo porque le permitía no estar controlado durante gran parte de las primeras horas matutinas. Además, los residentes de Happy Havana Retirement Village generalmente no daban demasiados

12

problemas. Para cuando llegaban a la residencia, sus facultades mentales estaban tan deterioradas que no respondían y así eran fáciles de manejar. Siempre había familias esperando a ingresar a sus seres queridos en Happy Havana una vez que los cuidados en casa ya no eran posibles. Gracias, principalmente, a un ingenioso folleto repleto de imágenes en blanco y negro de una Cuba ficticia de los años 50 – un lugar que solo existía en las desvanecidas mentes de una generación pérdida – las familias creían que este era un lugar donde *mami* o *papi* podrían sentirse como en casa, olvidando que estos seres queridos probablemente no tenían idea de dónde estaban. Al evocar imágenes nostálgicas, Happy Havana se convirtió en la parada final de muchos cubanos cuyos huesos al final serían enterrados en suelo extranjero y nunca regresarían a la tierra que los vio nacer.

La dirección de Happy Havana proporcionaba un catre para el servicio de noche con el fin de descansar *solo* cuando no estuvieran demasiado ocupado; por lo tanto, el enfermero Sánchez se aseguró de no estar nunca demasiado ocupado. Se fijaban sensores por cable a los pacientes, diseñados, a través de un monitor fisiológico reacondicionado, para que se activara una alarma notificando a la persona de guardia de una desviación radical en cualquiera de las cuatro señales vitales que se medían: temperatura corporal, presión sanguínea, pulso y/o ritmo respiratorio. Estas máquinas hospitalarias, muy populares durante las operaciones de los años 90, fueron reacondicionadas para cumplir de manera más barata con las necesidades de nivel medio en las residencias. Los ciento diez pacientes de la residencia estaban conectados. La alarma se activó como se esperaba momentos antes de que el viejo policía muriera, pero Tomás Sánchez nunca la oyó. Esta noche, como cualquier otra, había desactivado el sonido tan pronto como el resto del personal se marchó a casa.

Los duros momentos económicos se habían exacerbado por la incertidumbre económica provocada en la pandemia de 2020, lo que significaba que el enfermero Sánchez, como la mayoría y al ser un padre soltero tuvo que buscar dos empleos con el fin de dar de comer a su hijo y vestirlo; niño al que rara vez veía. Ser el cabeza de familia y llegar a fin de mes ya era suficientemente desafiante. Estaba muy agradecido a su madre, la *abuelita* de su hijo, que, a pesar de su avanzada edad, mantenía la casa en funcionamiento. Si lograba dormir en su turno de noche, entonces, podía estar lo suficientemente alerta para trabajar durante el día como enfermero profesional en el Jackson Memorial Hospital en el centro de Miami. Realmente no veía ningún problema ético en cómo llevaba a cabo sus responsabilidades en Happy Havana, ya que todos los familiares de los pacientes habían firmado consentimientos para no reanimar a los residentes. Además, en Happy Havana era más un guardia de seguridad que un enfermero, esperando a que algo ocurriera. Si sonaba la alarma, indicando que un paciente en particular se estaba muriendo, todo lo que podía hacer era ir a la habitación, esperar su fallecimiento, tomar nota de la hora de la muerte, y después avisar a los familiares. Esto no hubiera sido tan terrible si no fuera por el hecho de que la directiva, con el fin de ahorrar dinero, había comprado equipos de vigilancia usados y obsoletos. Un paciente moviéndose durante la noche era suficiente para activar las alarmas. Y mientras que los parches inalámbricos ya existen ahora y pueden directamente ponerse en contacto con el teléfono móvil de la enfermera en el primer indicio de un deterioro clínico, la dirección de la residencia los consideraba demasiado caros, aunque no lo eran. Era muy común recibir media docena de falsas alarmas a lo largo de la noche. Pero al desactivar el sonido, Sánchez podía dormir sin ser interrumpido. Por la mañana, antes de la llegada del turno de día, activaba de nuevo el sonido y revisaba las habitaciones donde las alarmas se habían desencadenado durante la noche.

A las 5:30 a.m., una hora y media antes de la llegada del turno de día, *The Rhythm is Gonna Get You* de Gloria Stefan, que le servía de alarma a Sánchez en su teléfono, comenzó a sonar. Antes de lavarse los dientes y recoger el catre, hizo *café* en el hornillo proporcionado también por la dirección. Ignorando su elevado IMC, revisó la caja de Mima's Bakery en Coral Way para ver si quedaban todavía *pastelitos de guayaba*, pero lo único que encontró fueron migas rancias. Probablemente es mejor, pensó para sí mismo, especialmente desde la aparición de los michelines desarrollados en su cintura después de cumplir los treinta. El fuerte aroma de café cubano que impregnaba las habitaciones y los pasillos de la instalación ayudaba a enmascarar el leve hedor de los ancianos en decadencia. Al mismo tiempo que tomaba el primer sorbo, subió el volumen del monitor en el puesto de enfermería para ver qué actividad se había perdido. Solo tres residentes habían requerido su atención – poca cosa para una noche. Con el café en la mano, fue a verlos. Las dos primeras eran falsas alarmas. Los sensores aplicados a los cuerpos de los pacientes a veces se deslizaban por la noche. Sánchez simplemente se los volvió a colocar y lo anotó en su registro de servicios. Si la dirección no fuera tan interesada y las máquinas realmente mostraran la hora de la alarma, él no tendría siempre que estimarla. La primera alarma sonó, digamos, a la 1:43 a.m. y la segunda a las… 4:02 a.m.

Tan pronto como entró en la habitación 28, supo que esta no era una falsa alarma. El paciente yacía allí, inmóvil, con los ojos abiertos, mirando hacia la parte izquierda de la estancia. Sánchez levantó el cuadro del paciente. Manuel de la Cruz. Persona de contacto: Hijo: Dr. Miguel A. de la Cruz en Denver, Colorado. Tendría que llamar para darle la mala noticia. "Buenos días Dr. de la Cruz, lamento informarle que su padre ha fallecido durante la noche a las…. por …" ¿Qué hora de la muerte debería anotar? Sánchez posó su mano sobre la frente del viejo policía, todavía estaba templada pero rápidamente se volvió sudorosa. Ha debido de morir hace poco. Vamos a poner la hora de la muerte a las 6:03 a.m. Y, así fue, Manuel, un hombre con tanto miedo a la muerte que se había negado a vivir, fallecía antes de ser declarado muerto oficialmente.

El pecado de Oggún

"¡Augh!" El sudor se derramaba por su cuerpo corpulento. ¡Sish! Los obstáculos desaparecían ante su formidable presencia. "¡Augh! Unos protuberantes músculos, llevados hasta el límite, se flexionaban hasta el punto de desgarrarse. Con otro sablazo, el camino empezaba a aclararse. "¡Augh!", con un suspiro profundo, el fiero Oggún, pequeño en estatura, pero de estructura fornida, elevó su machete fiel por encima de la cabeza, amenazando al propio rostro del cielo. Entonces, con una explosión de fuerza, lo giró hacia abajo para abrir otra senda en la jungla intransitable. ¡Sish! Con un poder prodigioso, volvió a girar su machete, el primer instrumento técnico que había forjado con metal extraído del vientre de una montaña. A medida que cada golpe fijaba su objetivo, la densa vegetación verde se dispersaba a su alrededor. "¡Augh!" En un ritmo sincronizado iba avanzando cada vez más meticulosamente, – minuto a minuto, hora tras hora, mes a mes – atravesando el caos de la naturaleza para que la civilización pudiera germinar. Ninguna otra deidad habría logrado crear un camino donde no lo había, despejar obstáculos para que todos, los dioses y los seres humanos, pudieran progresar. Tal vez era conocido como el dios de la guerra, pero como también era el Señor de los Metales, y, por tanto, el dios del progreso y la civilización. Lentamente, pero de manera segura, los matorrales desaparecían delante del terrorífico Oggún. Sin tomarse nunca un respiro, sin descansar jamás, Oggún trabajaba continuamente hasta que el trabajo estaba finalizado.

Cuando los *orishas* comenzaron a dejar su dominio en los cielos para llegar a *tierra firme*, encontraron un camino frustrante a cada paso debido a una jungla primitiva repleta de un follaje impenetrable. Sin poder habitar la tierra en tal estado, los dioses se cuestionaron si merecía la pena el esfuerzo de ocuparla. Tal vez su misión era un paso en falso. Tal vez deberían regresar al espacio al que pertenecían. Estaban a punto de abandonar su hazaña terrestre cuando Oggún dio un paso al frente, burlándose de su indecisión y debilidad. "Puede que seáis dioses, pero sois más inútiles que las tetas de una vieja soltera," se mofó. Los dioses nunca aprobaron su actitud beligerante, pero pocos poseían la valentía suficiente para recriminarle; eran muy conscientes de su violencia bruta, siempre listo para emborracharse o participar en una lucha, o, idealmente en ambas. Nacido en las entrañas de la tierra, el pendenciero Oggún, tenía pocos amigos y muchos enemigos. Los dioses, que no eran tontos, sabían que era mejor no enredarse con la más poderosa de las deidades guerreras, que era tan fuerte como el hierro que gobernaba. Era más seguro guardarse la ira.

A medida que los dioses se quedaban inmóviles sin verse capaces de dominar la tierra, Oggún fanfarroneó delante del panteón y bramó con altivez, "Parece que soy el único con los suficientes *cojones* para limpiar toda esta maleza." Miraron a lo lejos con vergüenza, sabiendo que estaba en lo cierto. Si había alguien que pudiera triunfar y dominar esa selva densa, ese sería Oggún. Se quitó su chaleco verde, estiró sus músculos y elevó de nuevo su afilado machete. Algunas de las diosas murmuraron con aprecio mientras lo observaban desvestirse hasta quedarse con su taparrabos, una pequeña prenda que apenas cubría sus intimidades. Notó su atención, pero pasó por alto esos pensamientos y se concentró en la ardua tarea que tenía entre manos. Un trabajo que era necesario terminar. Sish "¡Augh!" Sish "¡Augh!" Sish "¡Augh!" Nunca se daba por vencido en una batalla o misión, sin importar lo insuperables que fueran los impedimentos, trabajaba incansablemente durante meses.

Debido exclusivamente a la fortaleza de su implacable fuerza bruta, abrió, con tiempo, un nuevo camino. Gracias a Oggún, los dioses lograron pasar y así habitar la tierra. *Osin-Imole*, gritaron espontáneamente, una vez que finalizó la tarea, pues de hecho él fue el primero de los principales *orishas* en llegar a la tierra. Su espalda estaba rígida y dolorida como resultado de su ardua labor, sus músculos se resentían y las articulaciones sufrían un dolor atroz. Agotado, con el sudor derramado por todo su cuerpo, el robusto Oggún se pavoneó delante de los otros dioses. Las diosas que habían estado observando sus movimientos estables y repetitivos saboreaban sus deliciosos pensamientos privados, especialmente la más joven, Ochún, dedicada al amor y el deseo, que no había movido sus ojos del miembro viril en todo momento. Contempló las posibles consecuencias de tener a Oggún como amante en virtud de su pequeño cuerpo. Aun así, continuó alimentando sus fantasías.

Aunque muchos sentían resentimiento por el machismo de Oggún, los dioses, de todos modos, mostraron agradecimiento por su esfuerzo, premiándolo con el gobierno de la ciudad de Ire-Ekiti, un lugar ocupado por seres humanos que se erigía en ese momento al sudoeste de la región montañosa de la presente Nigeria. Como rey de esa importante metrópoli Yoruba, Oggún se distinguió a sí mismo como el mejor herrero que jamás ha existido. Podía haber disfrutado de su gobierno en paz en Ire-Ekiti hasta el final de los tiempos, pero como el padre de las tragedias, no podía resistir cruzar fronteras que nadie, incluso ni siquiera una deidad, debería haber traspasado.

Lamentablemente, como todos sus devotos humanos pudieron descubrir, incluyendo el viejo policía cubano Manuel, en su último aliento, Oggún vivía a merced de sus instintos más básicos y violentos. Este temperamento, mezclado con un sentido falso de invencibilidad, hacía de él y de sus discípulos unas figuras catastróficas y desgarradoras.

No demasiado lejos de Ire-Ekiti vivían dos de los avatares de Obatalá, o dos personajes alternativos. El padre de la humanidad, Obatalá, cabeza visible del panteón orisha, decidió asentarte y vivir en la tierra que había creado. Debido a la complicada naturaleza espiritual de los *orishas*, podían llegar a tener entre veinte y treinta avatares. Algunos no tenían ninguno. Obatalá tenía cuarenta y cinco, unos eran hombres y otros mujeres. Dos de esos avatares, el macho Ayáguna y la hembra, Yemmu representaban dos manifestaciones diferentes de Obatalá. Ayáguna, reconocido por lidiar una batalla agresiva y audaz frente al mal, representaba el lado violento del pacífico Obatalá; mientras que Yemmu, su compañera, como lado femenino de Obatalá, fue la madre originaria que dio nacimiento al sol durante el solsticio de invierno. Juntos, vivían en un gran terreno agrícola donde cultivaban batata fuera de la ajetreada ciudad de Ire-Ekiti; engendraron varios hijos, entre los cuales estaba su primogénito, Oggún. Éste los visitaba con frecuencia donde siempre encontraba una comida casera sabrosa de bienvenida. Pero a medida que el tiempo pasaba, sus visitas se volvieron más frecuentes, casi a diario, especialmente cuando su padre, Ayáguna, estaba trabajando fuera en el campo.

A medida que las semanas se convirtieron en meses, los sentimientos de Oggún hacia su madre se volvieron lujuriosos y la casa que en su día había sido un remanso de paz se convirtió en un hogar con una tensión autoritaria donde un silencio ensordecedor sofocaba a sus habitantes. Al negarse a creer que un acto nefasto pudiera ocurrir bajo su propio techo, Ayáguna se esforzó por ignorar las miradas que le evitaban, mientras una nube creciente de temor y aprensión sofocaba la alegría y el regocijo que en su día había llenado su casa. Además, si algo estuviera verdaderamente fuera de lugar, lo sabría. Confiaba en su gallo blanco, Osún, para que le informara de todo lo que ocurría mientras estaba ausente. El único propósito y responsabilidad de Osún era poner al día a

21

Ayáguna sobre las actividades del día. Cuando éste volvía después de un duro día de trabajo, la ave mágica nunca tenía nada especial que contarle. Y, sin embargo, algo iba obviamente muy mal.

"¿Podía ser que su mujer Yemmu estuviera mostrando demasiada atención a su insolente y malhumorado hijo?" se preguntó Ayáguna. "Pero ¿por qué eso la había distanciado, no solo de Oggún, sino también de sus otros hijos? ¿Por qué se negaba a dormir con él por la noche?" Ayáguna notaba una mezcla de temor, repulsión y vergüenza en sus ojos cada vez que intentaba acercarse a ella de manera romántica, por lo que decidió hablar con su otro hijo el pícaro Elleguá, para preguntarle de manera subliminal. Tal vez hubiera sido mejor hablar con Yemmu directamente, pero en las sociedades patriarcales, la norma era que los problemas familiares se resolvieran entre los hombres, incluso aunque se refiriera a las mujeres. Ayáguna creía que, si había algo fuera de lo habitual, el joven Elleguá, que estaba en casa todo el día jugando y comiendo dulces, lo sabría. Pero ¿cómo podía hacer preguntas sin traicionar sus dudas y sospechas persistentes? Conseguir una respuesta directa de Elleguá nunca fue una tarea fácil, ya que su hijo rara vez hablaba con claridad, prefiriendo el lenguaje de los acertijos y enigmas.

Elleguá, siempre al acecho detrás de las puertas, era muy consciente de la violencia sexual que Oggún ejercía repetidamente sobre su madre. Oía sus sollozos cada día después de que Oggún, satisfecho, abandonara la casa. Elleguá no era idiota, incluso aunque se lo hacía. Como hermano, conocía de primera mano el temperamento violento de Oggún, y aunque era un guerrero por propio derecho, no podía igualarse al formidable dios de la guerra. Pero la fuerza bruta no es la única arma que se puede utilizar para superar al adversario; una lección que Oggún nunca aprendió porque prefería los puños y las armas antes del diálogo medido y la diplomacia. Elleguá sabía que la victoria siempre sabia mejor cuando se alcanzaba sin violencia, pero eso conllevaría un plan muy astuto.

Elleguá sintió la reticencia de su padre, por lo que en su lugar diseño una artimaña para revelar la verdad. Élo era como el resto de los dioses. Un embaucador travieso y endiablado con una sonrisa pícara; los otros *orishas* y también los humanos eran muy cautelosos ante cualquier tipo de contacto o interacción con él. Aunque era enigmático y caprichoso como el destino, sin embargo, era un gran defensor de la justicia. Era propenso a causar caos para que la estabilidad pudiera reinar, mentir para que la verdad pudiera descubrirse, robar para que los pobres pudieran comer. Una noche después de cenar, cuando Yemmu estaba en la cocina fregando y Osún ya se había ido después de informar a Ayáguna, éste se acercó a Elleguá que estaba sentado frente al fuego mascando tabaco. Elleguá puso una cara triste para despertar preocupación en su padre y provocar una conversación. En la mente de Elleguá este era el único modo de terminar con los abusos que sufría su madre. Ayáguna notó la actitud severa de Elleguá y le preguntó,

"¿Por qué estás tan malhumorado, *omo-mí* – hijo mío?"

"Oh *baba-mí* – padre, me temo que algo terrible está ocurriendo todos los días cuando abandonas las casa y te vas a trabajar al campo."

"¿Qué es eso tan terrible?"

"Me da miedo tu furia. Temo lo que podrías hacer si te lo digo. Por favor, no te enfades conmigo." Unas lágrimas de cocodrilo comenzaron a caer por el rostro de Elleguá.

"*Omo-mí*", Ayáguna intentaba reconfortar delicadamente a su hijo, quién sabía que no necesitaba ningún consuelo. "No tienes que temer nada, simplemente dime qué es lo que te preocupa."

"No sé. Me temo que podrías . . ."

"*¡Basta!*" Reaccionó Ayáguna, cansado ya de los incesantes juegos de Elleguá. Al darse cuenta, descendió el tono de voz y habló en un tono controlado. "Dime que es lo que sabes" amenazó lentamente y con calma, "antes de que descubras una verdadera razón a la que temer."

"Bueno, todos los días, después de marcharte al campo a trabajar, mi hermano mayor, Oggún, viene a casa. Él... él...", Elleguá se detuvo para darle un mayor efecto dramático, pretendiendo no ser capaz de terminar la frase.

"Es también mi hijo y siempre es bienvenido a casa." Respondió Ayáguna intentando llenar el silencio sin traicionar sus sospechas. Entonces hizo la pregunta cuya respuesta temía oír. "¿Qué podía ser tan terrible si solo quería visitar a su madre?"

"Pero *baba-mí*, cuando llega, se lleva toda mi comida y se la da a Osún, tu mensajero. Después de que el gallo se ha comido toda su comida, y después la mía, le entra mucho sueño y se queda aletargado. "¿No has notado lo gordo que se está poniendo Ogún?"

Ayáguna pestañeó. Ahora que lo mencionaba, sí *había* notado la reciente ganancia de peso de Osún. Elleguá continuó, "Una vez que Osún está durmiendo profundamente, Oggún me echa a mí y al resto de mis hermanos fuera de casa. He intentado espiar qué es lo que ocurre, pero cierra todas las persianas y la puerta con llave."

"¿Y qué ocurre con tu madre, Yemmu? ¿Qué opina sobre todo esto?"

"No lo sé," mintió Elleguá, "Oggún la mantiene dentro de casa, encerrada. Alguna vez he intentado poner el oído en las persianas, pero lo único que he escuchado es lo que parece un encuentro violento con *iyá-mí* – mi madre, chillando al principio, seguido de lo que suena como un suave llanto. Me preocupa que pudiera estar en peligro."

Ayáguna comenzó a sospechar sobre lo que estaba escuchando, pero permaneció cauteloso, al fin y al cabo, Elleguá era un embaucador impulsivo. Su hijo continuó, "*Baba-mí*, no sé qué es lo que ocurre después de que me echa de casa, pero tengo un plan para descubrirlo." Y con eso, Elleguá susurró su propuesta a Ayáguna, tendiendo una trampa para atrapar a su hermano abusivo y rescatar a su madre. Ayaguná escuchaba cuidadosamente mientras asentía.

A la mañana siguiente, incluso aunque Ayáguná no había podido dormir, se levantó bastante temprano, antes de que el sol apareciera como cada día en el horizonte. Generalmente, antes de la larga jornada, solía estar en la cama disfrutando de los placeres que su mujer le ofrecía, pero recientemente, carecía de intimidad física. Ayáguna saltó de la cama y empezó a ponerse su ropa de lino blanco. En un tono pragmático, ordenó, más que pedir, que su mujer le preparara suficiente comida para tres días. Murmuró algo sobre un viaje al pueblo vecino.

Yemmu abandonó el confort de su cama para ayudar a su marido mientras éste preparaba su viaje. Cocinó para él un bol de arroz blanco sin sal al que añadió manteca de cacao y removió hasta que se derritió. Después hirvió cuatro huevos durante diecisiete minutos, los peló y corto a lo largo, colocándolos encima del montículo de arroz. De postre, le empaquetó ocho pequeñas galletas de merengue. Tan pronto como su morral estuvo listo junto con una muda de ropa para el largo viaje, Ayáguna se despidió, cogió todas sus cosas y un espantamoscas de cola de caballo, caminando enérgicamente por en medio del camino de tierra. Pero después de alejarse algunos kilómetros, lo suficiente para estar fuera de la vista de la granja, se metió en el bosque profundo que bordeaba el camino y retrocedió en silencio. Pasó alrededor de una hora cuando se encontró justo en la puerta trasera de su hogar. Quería echar un vistazo a través de las ventanas, pero todas las persianas estaban cerradas, tal y como Elleguá había descrito. Aguantando la respiración, fue de puntillas hasta la parte frontal de la casa. Por supuesto, Elleguá había oído el crujir de la tarima de madera bajo los pies de Ayáguna que protestaban por el peso, pero continuó tallando una pieza de madera, pretendiendo que no había notado a su padre por detrás de él.

"*Omo-mí*," susurró Ayáguna, ¿Está Oggún aquí?"

"Sí *baba-mí*," respondió Elleguá, pretendiendo estar sorprendido por la presencia de Ayáguna. Entonces, para probar que todo lo que le había contado a Ayáguna era verdad, señaló la esquina este del porche. Mirando en la dirección que Elleguá había apuntado, Ayáguna vio a Osún, el gallo, acurrucado como una pelota durmiendo profundamente, mientras que el resto de los niños jugaban en el jardín frontal. A medida que Ayáguna comenzó a aceptar la veracidad de Elleguá, la rabia comenzó a apoderarse de él. Los laterales de su visión se volvieron grises y borrosos mientras intentaba sacudirse el aturdimiento. Se sintió traicionado y dolido por su mensajero, Osún, cuya lealtad había cambiado por un plato de gachas. Se dirigió hacia la puerta principal, sin importarle ya que le oyeran desde dentro. Ni siquiera se paró a ver si la puerta estaba cerrada. Levantando su pie derecho, propinó una patada a la puerta, cuyos pedazos de madera volaron en todas direcciones.

Había un silencio desolador mientras que el polvo volvía reposarse. Al entrar en la sala a oscuros, sus ojos necesitaron unos segundos para ajustarse. Pero a medida que lo hicieron, se centraron en dos figuras inmóviles. Paralizados del sobresalto por el escándalo de la puerta, ni Oggún, ni su madre, Yemmu, se movieron. Estaban en el suelo en medio de la sala, totalmente inmóviles, con Yemmu a cuatro patas montada totalmente por Oggún. "Como una puta barata,", Ayáguna pensó para sí mismo, culpando rápidamente a la víctima. Cuando se percataron de que Ayáguna estaba delante de ellos, con ojos ardientes, observando su vergüenza, tanto la madre como el hijo sintieron miedo y ansiedad en lo más profundo de su ser. Con un fuerte temblor, se separaron a dos de las esquinas de la habitación, acobardados por la ira de Ayáguna e intentando cubrir su desnudez con cualquier pieza de ropa que había tirado antes Oggún durante el calor de la pasión. Era un espectáculo que nunca se había visto: el poderoso y feroz Oggún presa del pánico, huyendo como un ratón asustado.

Yemmu, temiendo la furia de su marido, suplicaba clemencia, no tanto por ella, sino por su hijo, que, a pesar de sus abusos, todavía le importaba. Sin entender sus plegarias y viéndola solo como cómplice voluntaria del crimen, Ayáguna comenzó a maldecirla en voz alta, haciéndola responsable de la injusticia que su hijo le infligía. Por lo que se refería a Ayáguna, su honor había sido robado al *adueñarse* de su mujer, su propiedad, y eso era lo que importaba. Había encontrado a otro hombre, incluso aunque fuera su primogénito, arando en sus campos, retando directamente su autoridad como cabeza de familia. Independientemente de las buenas intenciones maternales de su mujer para proteger a su hijo, también tenía que ser castigada. Pero en lugar de maldecirla directamente, decidió causarle una tristeza y angustia mayor condenando a su próximo hijo. Con la mirada fija en ella como si pudiera atravesar todo su ser, juró que el siguiente fruto de su vientre sería enterrado vivo. Además, su otro hijo pequeño, Changó, tendría prohibida la entrada en casa y estaría forzado a vivir con Dadá, la diosa de los jardines, que tenía su hogar en la parte superior de las palmeras. Yemmu comenzó a desmayarse mientras sentía como la habitación le daba vueltas. Luchaba por mantenerse consciente mientras suplicaba clemencia. Pero sus palabras se malgastaron frente al rostro enfurecido de su marido que estaba más preocupado sobre el honor usurpado que cómo había sido deshonrada.

Esto era mucho más de lo que Yemmu podía soportar. Cansada de ser reducida a un objeto por la voluntad de los *orishas* masculinos durante su vida, miró al cielo y oró a la fuente de todos los *ashé*, de quien los *orishas* reciben su poder - Olodumare – del que procede toda vida, energía y ser. Rogó que su espíritu saliera de su cuerpo y que otra manifestación asumiera su lugar. De repente, reconociendo que tal vez había llegado a conclusiones demasiado rápidas y la había juzgado muy duramente, Ayáguna intentó retroceder su conjuro, pero fue demasiado tarde. Las palabras ya se habían pronunciado y estaban destinadas a hacerse realidad. Olodumare, después de escuchar la plegaria de Yemmu, inmediatamente llamó a su ser para que entrara a su morada celestial. Al instante, según las lágrimas se derramaban con fuerza en sus ojos, caudales de agua salían de cada orificio de su cuerpo, llenando la habitación con grandes olas que amenazaban con ahogar a todos con su tristeza. Todos los *orishas* presentes se aferraron el uno al otro, atragantándose y escupiendo. Entonces, de la misma manera vertiginosa, las aguas descendieron, y un nuevo espíritu ocupó el cuerpo de Yemmu. De pie delante de Ayáguna con una dignidad real, se presentó como Yemayá, la reina del mar y la madre de toda la vida, porque desde sus aguas todas las vidas encuentran su origen. Obatalá tal vez era la semilla de la vida, pero es Yemayá la que germina las semillas con sus líquidas entrañas. A partir de ahora, solo Yemayá sería la única que podría castigar a sus hijos. Sería una salvaguarda y un refugio para todas las mujeres que habían sufrido abusos. Sería el bienestar y una fuente de energía para todas las mujeres maltratadas y atrapadas en relaciones violentas.

Cuando Ayáguna vio el desastre que había infligido a Yemmu con su juicio precipitado, le abrumó el resentimiento. Además, descubrió que no iba a ser capaz de asumir toda la desgracia que había caído sobre su hogar, por lo que rogó que le otorgarán un nuevo espíritu. Olodumare, el creador, también escuchó sus plegarias y le concedió la petición. A medida que su espíritu abandonaba su cuerpo, fue absorbido a su origen – el tranquilo y sereno Obatalá.

Al presenciar las consecuencias que su imparable lujuria había desatado, surgió el terror de Oggún. Temió la ira de su padre, que ahora era Obatalá, y suplicó clemencia, pidiendo que se le permitiera pronunciar su propia maldición. Obatalá pensó por un momento. Si cedía, estaba seguro de que Oggún idearía un castigo más severo que todo lo que el sabio *orisha* pudiera imaginar. Pero se dio cuenta de que ya no estaba en su derecho de juzgar a su hijo, pues ese papel ahora recaía en Yemayá. Aunque ella todavía amaba a su hijo, trató de equilibrar su furia con la angustia causada por su última traición y agresión. Sin estar segura de qué decir o hacer, Yemayá reunió todos sus recursos para mantener la compostura y el control. Con unas frías palabras entre dientes, simplemente dijo: "Que así sea. ¡Siempre te querré, pero nunca te perdonaré!" Oggún salió lentamente de la oscura esquina en la que estaba oculto y decretó que durante toda la eternidad nunca conocería la paz o el descanso. En su lugar, debería trabajar incesantemente día y noche, en un intento de compensar toda la vergüenza que había proporcionado a su padre y a sí mismo. En su mente, era su padre el que sentía vergüenza por haber invadido su propiedad. Por tanto, este era el precio que pagaría por su pecado, y a través del trabajo, tal vez podría recuperar su salvación y redención. Además, divulgaría los secretos de cómo hacer hierro a toda la humanidad y así ya no sería el maestro de nada, ni siquiera de los metales.

Obatalá no estaba totalmente tranquilo. El gallo, Osún, que se había despertado con todo el ajetreo, estaba inmóvil a una distancia segura de él, temblando al no saber que le deparaba el destino debido a su silencio. Sin ni tan siquiera dignificar al gallo con una mirada, Obatalá, sintió su presencia declarando que su misión como mensajero había terminado. A partir de ese momento, esas responsabilidades eran asignadas a Elleguá. Y como a éste se le había denegado la comida, a partir de ahora, ningún dios tenía permitido comer sin que Elleguá lo hubiera hecho antes. Esto significaba que cualquier sacrificio ofrecido a un dios o diosa debía pasar primero por Elleguá, que daría el primer bocado al *ashé* donado. Además, Osún serviría a Elleguá y sería alimentado con aquello que Elleguá decidiese proporcionarle.

En desgracia y profundamente humillado, el abatido Oggún abandonó la casa de sus padres y nunca volvió. Buscó la soledad en el bosque. Exiliado por sí mismo, cortó las relaciones con los dioses y todo ello conllevó graves consecuencias para la humanidad.

Confesión de Miguelito

Sí, todas las guerras cesaron, pero esto no significa que, por el efecto opuesto, la paz reinara, porque la paz no es simplemente la ausencia de conflictos. En ocasiones, la paz puede ser más mortal. Sin la orientación del dios de los metales, la civilización y el progreso se paralizaron. Pronto surgió el caos. Pero a Oggún no le importaba. Solo continuaba aferrado egoístamente a su tristeza, y si el resto terminaban también revolcándose en su propia angustia, entonces, mucho mejor.

Padre Pedro

En ese día en particular, el día antes de la celebración del nacimiento de Nuestro Señor y Salvador, el objetivo era que un joven sacerdote católico revelara los nombres de peligrosos inconformistas dentro de su parroquia. No todo el mundo estaba decidido a aguantar lo que fuera necesario para servir y proteger. "Cobardes ingenuos", pensó el joven policía, "muchos no poseen la fortaleza necesaria para este tipo de trabajo, ignoran por completo lo alto que está el listón." Manuel de la Cruz, un sargento de oficina, era un *patriota en la lucha* por el alma auténtica de Cuba. Franco en España, Novo en Portugal y Batista en Cuba: una trinidad establecida por Dios Todopoderoso contra la amenaza satánica mundial contra el comunismo. Sus acciones eran absolutamente esenciales para preservar la civilización cristiana y los valores familiares en el rincón de la tierra donde su preciosa isla yacía. Se justificaba ante las autoridades tanto del cielo como de La Habana para continuar con su misión, sin importar lo desagradable que podría parecer a los demás. Estaba convencido de que hombres como él surgen en cada generación para proteger a los justos de un destino político peor que la muerte.

Fueron necesarias medidas extremas para prevenir a *los comunistas* que estaban ganando control. Para ello, el sargento simplemente acabó de una vez con el grito espeluznante, seguido de un sollozo, que normalmente daría escalofríos a cualquiera que poseyera una conciencia y estuviera lo suficientemente cerca como para escuchar. La mayoría de aquellos que se consideran humanos ya sea por vivir en sociedad o por genética, muestran empatía cuando se encuentran ante alguien en agonía. Manuel, sin embargo, mostraba insensibilidad mientras infligía dolor. Se había vuelto tan insensible a los gritos de tortura que no le afectaban ni a él ni a su mente. Era capaz de dormir relajado por la noche, aunque no siempre fue así. La primera vez que empleó técnicas de interrogación avanzadas a un prisionero, de hecho, sintió repugnancia y náuseas. La periferia de su visión se oscureció mientras sentía como su inconsciente se separaba del cuerpo. Los gritos atormentados que se pronunciaban a solo dos pies de distancia sonaban amortiguados, como si vinieran de otra habitación. Sintiéndose mareado, sin embargo, reunió toda su fuerza de voluntad para evitar ceder al mareo. Su machismo, simplemente, no le permitiría rendirse a su sensibilidad. Por tanto, apretó su mandíbula y siguió con su tarea – buscar información con todos los medios que fueran necesarios.

Con el paso del tiempo y el carácter repetitivo de los interrogatorios, su corazón formó el callo necesario que le salvaguardaba de los sentimientos de compasión o arrepentimiento, callo que se fue volviendo cada vez más grueso con cada nuevo interrogatorio. Así es como los hombres honrados se convirtieron en bestias, normalizando el horror. Si se detenía lo suficiente para cuestionar sus acciones, surgían rápidamente falsedades fascistas ideológicas para nublar el cuestionamiento, lo que servía como un propósito útil para justificar sus actividades y calmar las conciencias. Tal vez Manuel se había sentido mareado durante el primer interrogatorio, pero ahora diría que ya no sentía nada. Aunque esto no era exactamente cierto. Infligir violencia provocaba una nueva sensación que surgía al sustituir las emociones comprensivas: el placer sádico. Con el tiempo, los gritos de cada sospechoso le calmaban y simultáneamente le excitaban, sobre todo cuando sabía que estaba cerca de llegar la clímax de conocer la verdad. "Tienes que respetarlos cuando se resisten" se decía a sí mismo el policía, "porque al final, su obstinación se disipa."

Lo que la mayoría de la gente no se daba cuenta es que su amada Cuba se encontraba precariamente al borde de la aniquilación. ¿Por qué sus compatriotas se negaban a admitir que en las Montañas de la Sierra había bandas de guerrillas rebeldes empeñadas en la destrucción del modo de vida cubano? Los hermanos Castro, junto al *comemierda* Ché, eran, en la mente de Manuel, la encarnación de un tipo de trinidad diferente, una profana – la encarnación de Satán, Lucifer y el propio demonio. Eran terroristas despiadados que se negaban a cumplir las normas, sin dejar a las autoridades con otra opción que luchar contra ellos de cualquier forma necesaria para mantener y sostener el orden. No importaba que las autoridades que Manuel seguía ciegamente hubieran derrocado a un gobierno electo e instituido una dictadura brutal. Había que aplastar a los que amenazaban lo que los poderosos habían establecido como estado de derecho. Seguramente Dios les perdonaría, o incluso, les recompensaría por ser los guerreros al frente de las trincheras luchando cuerpo a cuerpo contra los enemigos del bien. Estaba, al fin y al cabo, haciendo de la obra de Dios un instrumento de su ira al castigar a los infieles, especialmente cuando estos vestían atuendos religiosos.

Con el ceño fruncido, Manuel, a través de esos ojos azul verdosos, miraba con desprecio al clérigo que demostraba una voluntad fuerte. Atado a una silla, el Padre Pedro, el sacerdote con cara de niño, luchaba contra las insoportables oleadas de dolor punzante que emanaban del dedo índice hinchado de su mano derecha, un dolor que se extendía a cada nervio de su cuerpo. De manera rutinaria, casi burocrática, Manuel completó un procedimiento popularizado en su momento por la Inquisición católica medieval. Una técnica que ya había ejecutado numerosas veces con la intención de que se "soltaran las lenguas", perdiendo primero las uñas de los dedos. Debajo del dedo índice del sacerdote había un artilugio metálico que se parecía a una férula utilizada para colocar un hueso roto. Sin embargo, al final de este dispositivo, sobre la yema del dedo, había un aparato que se asemejaba a unas pinzas en miniatura. El joven policía agarró delicadamente estas tenacillas a la uña del clérigo. Con un tirón firme de la férula, podía quitar toda la uña de manera rápida y eficiente. En ocasiones, la uña se rompería y solo se podía arrancar una parte, pero en realidad, no importaba porque el resultado era el mismo, un dolor insoportable. La uña en sí es material muerto sin ninguna sensación, pero debajo hay un significativo número de terminales nerviosas ubicadas en el lecho de la uña, haciendo de este área una de las zonas más sensibles del cuerpo humano. El dolor era tan intenso que el pobre sacerdote se lo hizo encima antes de desmayarse. En general, al clérigo le llevaría aproximadamente seis meses restablecer una nueva uña, pero lamentablemente, tan solo le quedaban unos sesenta minutos.

La gente como el Sargento de la Cruz no nacían monstruos, estaban preparados para ese rol, una formación que enseñaba a los monstruos a mirarse en un espejo donde solo veían como reflejo a un verdadero patriota. En un momento dado de su vida, tuvo que aprender cómo categorizar y justificar sus acciones como un instinto de conservación, una estrategia de supervivencia que le permitía mirarse al espejo sin sentir repulsa de su propio reflejo. "*Hijo de puta,*" Manuel pensó, al darse cuenta de que el sacerdote no iba a hablar tan fácilmente a pesar de haberle arrancado la uña. Por un lado, admiraba el machismo del clérigo, permaneciendo con la boca cerrada cuando otros en su misma situación ya habrían traicionado a su propia madre. ¡*Cojonudo como Maceo!* pensó Manuel. Pero no había tiempo para el respeto. Con los avances de los rebeldes, el policía necesitaba respuestas rápidamente. Tendría que llevar el interrogatorio a una "conclusión" si fuera necesario. Sin cabos sueltos, no ahora. Ordenó a su hombre que reanimara al sacerdote mientras abandonaba la sala tres de interrogatorios. Su hombre prepararía al clérigo mientras se encaminaba hacia un cubículo que compartía con otros investigadores para fumar un cigarro. Sentado en su escritorio, se inclinó en su silla, encendió un cigarrillo y dio una profunda calada, liberando el placer que le proporcionaba. Llevaba fumando desde que tenía ocho años. Aunque era un hombre relativamente joven, ya había desarrollado esas manchas amarillentas de nicotina entre sus dedos índice y medio. Con la mirada en el techo, Manuel pensaba que debería hacer con el díscolo sacerdote.

Con una educación únicamente hasta sexto grado, Manuel se unió al ejército originariamente para escapar de la pobreza en su familia. El año en el que nació, 1926, fue además el año en el que el boom del azúcar se derrumbó devastando a la mayoría de la población, incluyendo la familia Cruz de Camagüey. Sus padres nunca se recuperaron de la ruina económica, sobreviviendo a duras penas largos años de hambre y vacas flacas. Una vez que se licenció de las fuerzas armadas, fue reclutado como policía corporativo no secreto, el infame *buró de investigaciones*. La agencia, que tenía vínculos cercanos con la CIA y el FBI, estaba dirigida por la "mano derecha" de Batista, el Coronel Orlando Eleno Piedra. El *coronel* era un hombre de confianza, demostrado por el gran anillo de amatista rosa que llevaba. Estos anillos los regalaba Batista a sus devotos más fieles, indicando que eran hombre con una verdadera distinción. Manuel, un leal partidario del régimen, se sentía de alguna manera defraudado porque nunca había recibido tal gesto a pesar de todo lo que había hecho por el gobierno y toda la sangre que había derramado en su nombre. Independientemente de sus celos, sirvió al *Coronel* Piedra con toda lealtad, haciendo lo que fueran necesario para preservar la ley y el orden, incluso si eso significaba extraer confesiones de clérigos obstinados.

Eran casi las 4:00 de la tarde y el sargento quería terminar con este *cura* tan molesto, este sacerdote tan testarudo. Iba a llevar a su última conquista, Celia – una *mulata* con largas piernas color caramelo – al Casino Capri para celebrar la *Nochebuena*. Aunque el testaferro que actuaba en nombre del propietario del casino era el actor de cine George Raft, se rumoreaba que el mafioso "Fat the Butch" del condado de Westchester en Nueva York dirigía los casinos del Capri. A la policía realmente no le importaba mientras tuvieran *una mordida*, una parte del pastel. Todo lo que sabia Manuel era que siempre que enseñaba su placa, le trataban bien, le servían bebidas gratis, y le daban cinco fichas extra de $5 con sus tres barras amarillas pintadas diametralmente en los bordes opuestos de las monedas. Esta noche, había decidido que iba a puntuar a lo grande tanto en el póker como con Celia.

Aunque su familia elevó un ceño racista cuando se enteró que estaba saliendo con una *mulata*, a él en realidad no le importaba lo que pensaran. Cuando se trataba de los placeres de la carne, se consideradba alguien bien informado, repudiando el típico refrán cubano, *juntos, pero no revueltos, cada cosa en su lugar*. Había ocasiones en las que era beneficioso "mezclarse" con los negros, especialmente si eran, además preciosas *negras y mulatas*. Además, con suficiente poder y dinero cualquiera puede ser "blanco" en Cuba, como fue el caso del *mulato lindo* tal y como se le conocía con encanto al

Presidente Fulgencio Batista. Pero, de todos modos, una piel oscura blanquecina no llegó demasiado lejos. A pesar de que Batista, un afro chino, era el segundo hombre más poderoso de la isla, después del embajador de los Estados Unidos, Earl E. T. Smith, aun así, no pudo convertirse en miembro del elitista Havana Yacht Club. Su solicitud siguió siendo rechazada por la clase alta cubana de tez blanca.

Medio bromeando, Manuel les contó a sus compañeros de las fuerzas del orden en la estación que sufría una enfermedad inventada que afectaba a las venas de su pene y que solo podía curarse manteniendo relaciones sexuales con una *negra*. Parecía que muchos jóvenes cubanos blancos padecían este problema. En la mente de Manuel, el sexo con mujeres *negras* siempre había sido un poco más salvaje, más animalístico, tal vez porque este tipo de mujeres estaban más cerca del calor de la selva, O tal vez, porque no poseían una moral familiar adecuada. O, simplemente, era química. ¿Quién sabe? Lo único que sabía es que cuando llegan a la pubertad, como cuando se enciende un interruptor, parece que todas se convierten en una tentación seductora. Celia no era diferente. Manuel se sorprendería si descubriera que le había echado un hechizo a través de la magia negra de la Santería que solía practicar. Independientemente, lo único que le importaba eran los placeres que se imaginaba que iba a gozar en esa noche.

Normalmente habría salido a celebrar la *Nochebuena* con Marta, la mujer con la que había estado viviendo. En las últimas tres *Nochebuenas* habían pasado la noche juntos bailando merengue en los clubs más populares de un barrio de clase media llamado Vedado. Pero después ella tuvo que marcharse y se quedó embarazada el año pasado. Así que él rompió la relación rápidamente, incluso aunque ella seguía insistiendo entre lágrimas, que el niño era suyo. Seguro... solo Dios sabe con cuantos hombres habrá estado. ¡De ninguna manera iba a echarle la culpa de su descuido! Se enteró que había dado a luz a un niño hace dos meses al que llamó Miguelito. ¿Quién sabe quién era el verdadero padre del bastardo? ¿A quién le importa?

Estaba deseando disfrutar de la noche, pero este cura molesto le estaba bloqueando el placer, retrasando sus abrazos con Celia. Deseaba no haber tenido que tratar con la iglesia porque se consideraba un buen católico, pero, a decir verdad, más tarde, llegó a arrastrarse ante los *comunistas* como el Padre Sardiñas que sirvió de capellán para el ejército rebelde con el rango militar de *comandante*. Después, estaba el Padre Madrigal, tesorero del Movimiento 26 de julio de Castro o el Padre Chabebe, con el que se podía contar para descifrar mensajes codificados a la fuerzas rebeldes a través de su programa religioso en la radio. Y, por supuesto, el líder de los estudiantes católicos, José Antonio Echevarría, que participó en el ataque del palacio presidencial en marzo del año pasado. Al menos, ese *hijo de puta* fue acorralado y disparado por algunos amigos de Manuel. *Uno menos* – pensó Manuel.

Como las cucarachas, tal vez ves una y la aplastas, pero sabes que hay cientos más escondidas. ¿Cuántos más de estos supuestos cristianos engañados por los comunistas estaban usando sus iglesias y hogares como sedes clandestinas de la Revolución? Tenía que descubrirlo. Dios lo sabe, y tal vez el Padre Pedro también. Manuel no tenía dudas de que el buen clérigo formaba parte de la red del M-26-7. Uno de sus feligreses a quien el sargento había interrogado previamente lo había implicado. No necesitó demasiada fuerza con este- ¡vaya *maricón!* pensó Manuel. Una buena paliza con una buena porra de cuero para, después, apagar, sus cigarrillos en los muslos del prisionero fue más que suficiente motivación. "*Coño*, el tipo habría vendido a su propia familia solo para salir de allí", se rio Manuel. Mientras el sargento daba la última calada de su cigarro después de encender otro, su ayudante le informó que el sacerdote estaba consciente y listo. Se encaminó hacia la sala de interrogación decidido a acabar con este cura lo antes posible. Al fin y al cabo, Celia le estaba esperando.

"*Buenas tardes, Padre,*" empezó Manuel mientras entraba en la habitación de color verde pálido con manchas de color marrón rojizo en las paredes y el suelo, recuerdos de ocupantes anteriores. Usando el tono de un monaguillo educado y respetuoso, continuó: "Espero que haya podido descansar." El sacerdote murmuró algo, probablemente una oración, pero el joven policía no pudo oírlo exactamente. "¿Quiere un poco de agua? Debe estar sediento". Con gran delicadeza elevó un vaso hacia los labios del clérigo y le permitió beber. Después de separar el vaso, el sargento notó que goteaba algo de agua por la barbilla del sacerdote, mezclada con las lágrimas que caían por su rostro. Con la ternura de un hijo cariñoso, sacó un pañuelo blanco de algodón de su bolsillo trasero y le limpió tanto el agua como las lágrimas. "Sabe una cosa, Padre, tenemos algo en común. A mí también me llaman *el cura*. ¿Sabe por qué? Porque tarde o temprano todo el mundo me confiesa sus pecados, Y cuando lo hacen, les ofrezco la salvación.

Pueden volver con sus familias como si no hubiera pasado nada. Pero si se niegan a confesar...bueno Padre, ya sabe, descienden al infierno. Y allí, ni siquiera Dios Todopoderoso puede salvarles. Ahora Padre, *por favor*, sabemos que es simpatizante de los *comunistas* – algo que podríamos perdonar si cambia su mala conducta. También sabemos que su iglesia se ha utilizado como base operativa por los comunistas para destruir nuestro país – algo, que desafortunadamente no se puede perdonar... a menos que... a menos que... nos diga la verdad y revele quiénes son y dónde viven. No solo será absuelto de sus pecados, sino que además estará salvando a su país, es decir, haciendo el trabajo de Dios. ¿Qué opina, Padre? ¿Quiénes son esos traidores que están contaminando la Casa de Dios?"

El Padre Pedro difícilmente encontraba su voz. El dolor que emanaba desde su herida de la uña arrancada le impedía concentrarse. Sin embargo, como si el espíritu de Dios le llenara de una inspiración momentánea proporcionándole coraje, respondió firmemente, "Sois vosotros."

Manuel se quedó en ese momento sorprendido. "Así que, el Padre al final tiene *cojones* debajo de la sotana,", pensó. "Tienes que admirarlo," admitió con una ligera sonrisa de aprobación. Ya había llevado a cabo suficientes investigaciones como esta para saber que este no iba a hablar al menos por el momento. Cierto, todos al final terminaban confesando si se les daba tiempo suficiente. Pero lamentablemente, el tiempo era lo que le faltaba a Manuel. Sin que Manuel lo supiera, el sacerdote verdaderamente no tenía nada que decir. Incluso si supiera algo, realmente no

43

importaría tanto. A decir verdad, el Padre Pedro aborrecía la política y siempre había desconfiado de los comunistas. Era uno de los 2.500 sacerdotes católicos, de los 3.000 en la isla, que era español, formado durante la dictadura de Franco y altamente influenciado por la amarga Guerra Civil española y la victoria frente al comunismo; una guerra que se revistió de fuertes matices religiosos. La única razón por la que estaba en Cuba era porque había sido penalizado. Estaba en exilio eclesiástico, expulsado de su tierra natal por irritar a un obispo cuando cuestionó los estrechos lazos de la iglesia con el gobierno español. No es que fuera un revolucionario. El Padre Pedro simplemente cuestionaba la vinculación de la iglesia con el régimen franquista, o cualquier otro régimen y lo veía como una asociación poco aconsejable. Creía que siempre que se mezclaba la política y la iglesia, esta última terminaba en el lado perdedor de la operación. Aun así, estaba totalmente de acuerdo con la encíclica Pontificia de 1937, *Divini Redemptoris*, que propaga que el catolicismo y el marxismo son mutuamente excluyentes. Y aunque el documento se escribió como reacción a los excesos de la Guerra Civil española, el Padre Pedro creyó que era una sólida declaración de advertencia frente a los males de cualquier tipo de movimiento ateísta que podía engullir al mundo, e incluso a la propia iglesia.

"Padre, Padre, probablemente deberíamos hacerle lo que usted le está haciendo a Cuba, dejarle ciego con falsas ideologías." Aferrando su cigarro entre los labios, el sargento pensó en llamar a uno de los "especialistas en ojos de Batista", aquellos que dominaban una técnica en particular con el fin de intimidar a la gente. Se le sacaba uno ojo a la persona que estaba siendo interrogada. El interrogador, después, entregaba el ojo a los miembros de la familia o cómplices. Y así se animaban a hablar, no fuera que ellos fueran a correr un destino similar. La perspectiva de perder su propio ojo generalmente los llevaba a traicionar a todos y cada uno que conocieran. Pero, para qué molestarse, el tiempo corría y la noche de fiesta con la deliciosa Celia le estaba esperando. Decidiéndolo justo en ese momento, el joven policía desenfundó su revolver Colt 38 poniéndolo frente a la base del cráneo del Padre Pedro, disparando sin pensarlo.

Si el régimen de Batista iba a caer, sin ninguna duda Manuel acabaría en el paredón fusilado por acciones como esta. Los patriotas de un régimen se volvían rápidamente infractores de los derechos humanos en el siguiente. Y un cambio en los regímenes era definitivamente posible. Había rumores de que Santa Clara, la capital de la provincia de Las Villas y la cuarta ciudad más grande de la República, estaba siendo vulnerable a los ataques rebeldes. Si lograban triunfar allí, entonces nada se impondría entre los *comunistas* y La Habana. Aunque se habían enviado casi cuatro mil soldados para aplastar finalmente a las pequeñas fuerzas de los rebeldes, Manuel simplemente no quería correr ningún riesgo. Siempre un hombre cauteloso, testigos como el Padre Pedro podrían complicarle la vida si los rebeldes triunfaban. Intuía que el ánimo del pueblo se envalentonaba cada vez más contra Batista. Mejor atar cabos sueltos ahora, pensó. Por eso, hace tres días, en un domingo, cuando había menos gente trabajando en la comisaría, irrumpió en la oficina de personal y sacó su propio expediente del armario. Quería asegurarse de que no existiera documentación que lo vinculara con el trabajo que había hecho.

Al echar un vistazo al reloj, se dio cuenta de que eran las 6 pm. Si quería recoger a Celia a tiempo, tenía que irse ya. Iba a llegar a casa, tomar algo, darse un baño y prepararse para pasar la noche en la ciudad. Ordenó a sus subordinados que limpiaran la sala de interrogatorio, y rápidamente fue a su oficina a recoger algunas cosas. Estiró la corbata de su uniforme de policía mal ajustado que le colgaba como si fuera una carpa en su delgado esqueleto y se puso la gorra de policía que le cubría gran parte de su cabello rubio mientras ocultaba discretamente su línea de crecimiento capilar ya en retroceso. A medida que abandonaba la célebre estación de policía nº5, notó pequeños grupos de personas en la puerta principal con imágenes de miembros de la familia o seres queridos. Estaban allí de pie mostrando una imagen de alguien que había desaparecido, con la esperanza de que alguien que salía de la comisaría pudiera proporcionarles alguna información. Se topó junto a un grupo de cuatro mujeres mayores que llevaban vestidos negros y grises que habían estado de moda tal vez hace veinte años. Devotas, sostenían rosarios y rezaban en silencio mientras sus dedos frotaban cada cuenta individual. Acompañadas por un sacerdote anciano, permanecieron en vigilia esperando, contra toda esperanza, alguna noticia sobre su amado pastor. Por el rabillo del ojo, Manuel vislumbró la imagen sonriente del Padre Pedro en la foto. Se detuvo y miró a su alrededor. No había otros policías saliendo o entrando al edificio en ese momento, aunque hubiera importado.

Mirando la foto del sonriente sacerdote con cara de bebé, cabello negro azabache y ojos seductores mostrando una luminosa sonrisa, desvió su mirada hacia los ojos de la mujer mayor y extendió su mano con la palma hacia arriba. Necesitaba algo de dinero extra para la juerga de esta noche y Dios, obviamente, le estaba dando una oportunidad. Rápidamente una de las mujeres buscó en su cartera y encontró cinco pesos que colocó sin pensarlo en la palma de su mano. Miró a su alrededor una vez más y luego miró de nuevo a la mujer mientras movía ligeramente la mano hacia arriba y hacia abajo para indicar que se necesitaba más. Las otras dos mujeres abrieron sus monederos, y cada una sacó unos cuantos pesos más y también los colocó en su palma abierta. Cerrando rápidamente el puño y metiendo el dinero en su bolsillo, miró a los ojos azules de la mayor de los tres, su cabello completamente blanco a diferencia de las otras dos que todavía estaban canosas. Sin decir una palabra, simplemente sacudió la cabeza de un lado a otro y se alejó. No hicieron falta palabras, las mujeres entendieron claramente el mensaje. Su querido sacerdote ya no existía. Mientras el joven policía se alejaba pavoneándose, al doblar la esquina, pudo escuchar cómo los sollozos se convertían en lamentos, suplicando a un Dios silencioso una respuesta sobre por qué permitía que ocurrieran tales tragedias. "Un derroche de lágrimas para un lobo comunista con piel de cordero", pensó el sargento. Bueno, no tenía ni que molestarse… Sus pensamientos se dirigieron a Celia y la cura que pronto le proporcionaría para su enfermedad.

Fuera de África

"Aaaaah." Puro placer. El sonido del alivio. El sonido de la rendición teñida de éxtasis. El sol abrasador, en su punto más alto del cielo caldeaba el caluroso, húmedo y pegajoso día africano; pero en las refrescantes aguas claras y frescas del río Osun encontró el antídoto perfecto para lo que la aquejaba; específicamente, la migraña de tensión palpitante que le dificultaba concentrarse, y mucho menos elaborar estrategias. "¿Que voy a hacer?" la diosa se preguntó a sí misma perpleja. Estaba profundamente preocupada por la difícil situación a la que se enfrentaban sus preciados devotos. La ira causada por su dilema sin sentido nubló su pensamiento. Que tenía que actuar no se cuestionaba. Simplemente no estaba segura de qué hacer. Tal vez un respiro, cuidándose y buscando refugio dentro de su dominio, el río, lo que podría brindarle suficiente tranquilidad momentánea para considerar posibles opciones. Se quitó la ropa y sumergió su cuerpo desnudo en las aguas repletas de energía donde siempre encontraba seguridad, protección y claridad.

Tal vez no era una de las deidades más poderosas; sin embargo, la pequeña Ochún era una *orisha* formidable por derecho propio. Como Oggún, el dios de la guerra también pertenecía al panteón Yoruba de "casi" deidades que servían como protectores y guías para toda la humanidad, ejerciendo autoridad sobre diferentes aspectos de la naturaleza, el cuerpo y las relaciones humanas. Olodumare, de quien brotó toda la vida y energía, fue y sigue siendo el gran originador de la existencia. Poco después de crear a Obatalá, a quien se atribuye la formación de la tierra en una zona acuosa, el Ser Supremo omnipotente y omnisciente sintió compasión por la deidad solitaria. "No es bueno que un dios esté solo", razonó Olodumare. Juntó varias piedras lisas y planas y las colocó en la arena en un círculo alrededor del poderoso Obatalá. Entonces Olodumare derramó su *ashé* sobre estas piedras.

Este *ashé* emana del inmortal y trascendente Olodumare como energía sagrada, ni vista ni personificada, ni buena ni mala. Todo lo que contiene vida o exhibe poder tiene *ashé*. Uno puede encontrar *ashé* en la energía producida por la sangre de los seres vivos que se derrama, o por el movimiento del agua, el soplo del viento o el hambre del fuego. Verter el *ashé* de Olodumare sobre cada piedra hizo que cobraran vida, tomando forma humana, algunas masculinas, otras femeninos y el resto intermedios que representan la fluidez de la sexualidad. Una de las últimas piedras en recibir *ashé* se convertiría en Ochún. Si Obatalá ocupa el puesto más alto dentro del panteón de los *orishas*, entonces Ochún ocupa el puesto más bajo, la más joven de todos los *orishas*. Sin embargo, uno nunca debe subestimar su poder a pesar de su bajo rango dentro de la jerarquía patriarcal.

Los *orishas*, al principio, no poseen un propósito o poderes especiales. Simplemente existen para servir como compañía al paternal Obatalá. Siempre que los humanos necesitaban la intervención divina, tenían que dar a conocer sus súplicas a Obatalá, quien emprendería un fatigoso viaje hasta la casa de Olodumare, quien, a su vez, le daría a Obatalá el *ashé* necesario para contestar las oraciones de estos simples humanos fastidiosos que incesantemente se quejaban y se quejaban de todo. *"¡No es lo que joden, sino lo seguido que lo hacen!"* El proceso de responder a sus mezquinas oraciones era engorroso, agotador y consumía mucho tiempo. Pronto, Olodumare se cansó de las demandas de las que, supuestamente, los dioses son responsables. Ser una deidad todopoderosa era muy exigente. Estaba deseando retirarse de estos deberes. Seguro que había un modo más eficiente de que el *ashé* pudiera fluir donde más se necesitaba. Un día Obatalá tuvo una idea, una posible solución. "Libérame de esta onerosa tarea", suplicó. "Haz que cada *orisha* sea un intermediario y bríndales suficiente *ashé* para responder las oraciones por sí mismos y así yo pueda dejar este interminable rol de recadero." Olodumare consideró la propuesta de Obatalá. Como él también estaba agotado del tedioso proceso, pensó que valía la pena aplicar el plan de Obatalá.

Olodumare procedió a repartir sus poderes entre los diferentes *orishas*, dándole a uno el poder sobre los metales y la guerra, a otro el poder de curar, a otro el poder sobre la adivinación, y, así sucesivamente. Ochún fue la última en recibir un dominio y el *ashé* que podía controlar. A ella le dio el poder sobre los deseos del corazón y la carne. Todas las culturas la conocen, pero con diferentes nombres, ya sea Venus o Afrodita, Freya o Rati. Pero Ochún es más que simplemente la diosa patrona del amor y el eros, también encarna las dimensiones sagradas de las vías de agua que fluyen. Por lo tanto, uno nunca debería sorprenderse de encontrarla descansando en las orillas de cualquier río de agua fresca. Y de todos los ríos del mundo, el río Osun, que fluye hacia el sur a través del corazón de la tierra Yoruba hacia el Golfo Atlántico de Guinea, es el que mejor la personifica.

En este día particularmente sofocante y con una profunda consternación por la catástrofe que acontecía a sus seguidores, Ochún saboreó el abrazo plácido del río. Mientras se bañaba tranquilamente, comenzó a sentirse fortalecida, porque comenzaron a aparecer en su mente las posibles opciones para solucionar la desgarradora tragedia a la que se enfrentaban sus protegidos. Pasaron horas antes de que ella, revivida, rejuvenecida y revitalizada, emergiera lentamente de las aguas, resuelta sobre lo que se necesitaba hacer. Su oscuro cuerpo mojado brillaba a la luz del sol. Se sentó desnuda bajo la sombra de las poderosas ceibas que abrazaban las orillas del río. Desatando su cabello enrollado, soltó sus largos mechones trenzados con conchas de cauri atadas en las puntas, liberándolos para que cayeran en cascada por su estrecha espalda. Con ternura, se colocó su atractivo cabello negro azabache, dejando que las puntas acariciaran las voluptuosas curvas de sus caderas. Mientras bebía vino de palma, se aplicó un perfume cautivador. Si un transeúnte se hubiera tropezado con esta pintoresca escena de acicalamiento y hubiera visto a la diosa completamente desnuda admirándose en un espejo de mano, independientemente del género, se habrían abrumado por el deseó, pensando que no había otra tan deslumbrante como ella en toda África. Por supuesto, si Ochún hubiera notado la mirada impertinente de un admirador humano, lo habría despedido con una mirada altiva.

Mientras se alisaba suavemente el cabello con su peine de carey favorito, las numerosas pulseras de oro que adornaban sus muñecas delgadas tintineaban y tintineaban, produciendo el sonido más atractivo jamás escuchado por oídos humanos, una sirena seductora y embriagadora. Tan pronto como se sintió lo suficientemente seca con el calor del sol africano, se puso una falda vaporosa, cuyo borde estaba adornado con espejitos, cascabeles dorados y conchas de cauri, atándose un pañuelo amarillo alrededor de su pequeña cintura para mantener la falda firmemente en su lugar. Escondió entre los pliegues de su falda una pequeña calabaza de *oñí* - miel. Se dice que siempre que frota sus dedos o dejar caer este fluido dulce y pegajoso de su calabaza, en los labios temblorosos de un dios o humano, ya sea hombre o mujer, se provoca el deseo y un incitado abandono erótico. Al fin y al cabo, ella es la personificación de la sensualidad femenina binaria que representa el amor y la lujuria.

Como la más joven y sensual de todos los *orishas*, fue destituida por estar demasiado preocupada en los placeres epicúreos como para atender las necesidades de sus devotos. Sí, se deleita con los bailes y las fiestas que duran toda la noche, pero no es una persona con el cerebro vacío. Posee una inteligencia perspicaz y un corazón solidario. En ese día en particular, estaba pensativa, ansiosa por el destino de sus amados hijos, los que estaban bajo su protección y los que no. Mientras se bañaba y peinaba, reflexionó sobre la impotencia que sintió al presenciar cómo los secuestraban y los vendían como esclavos, enviándolos encadenados a una isla lejana llamada Cuba.

Encadenados y hacinados dentro de las odiosas entrañas de monstruosas canoas de madera, los preciosos niños de la tierra de Yoruba navegarían hacia el sol poniente, para nunca más saber nada de ellos. Se asignaba una cantidad mínima de espacio para garantizar que se pudiera incluir la cantidad máxima de cuerpos en estos barcos. Esposados a tablones de madera, sepultados en una oscuridad sofocante, yaciendo en su propio vómito y excrementos, sobrevivían a duras penas al viaje; gritaban los nombres de sus *orishas*, pero sus súplicas nunca se elevaron más allá de la cubierta inferior del barco. O eso pensaban. Ochún escuchó sus gritos y se conmovió profundamente. Varias de las muchachas vírgenes fueron mantenidas en cubierta para satisfacer los apetitos sexuales de la tripulación. Lo que enfureció más a Ochún. Solo una diosa, a diferencia de las deidades masculinas, puede comprender verdaderamente el peligro único al que se enfrentan todas las mujeres.

Cómo podía Ochún abandonar a sus devotos en sus mayores horas de necesidad. Buscó el consejo de su hermana Yemayá, la *orisha* materna cuyo dominio son los océanos. Yemayá reconoció que a pesar de lo poderosos que eran como dioses, los *orishas* no podían, sin embargo, prevenir esta catástrofe humana que se estaba desplegando. "Aquellos que poseen poder y privilegio, ya sean deidades como nosotros o simples humanos", aconsejó Yemayá, "deben acompañar a los indefensos en sus horas de necesidad, simplemente caminar en solidaridad con los marginados". Ochún se dio cuenta de lo que tenía que hacer. Ella los acompañaría en su trágico viaje a esta lejana isla. No todos los *orishas* eligieron este camino. De las 1.700 deidades adoradas en la tierra Yoruba, solo entre veinte y veinticinco viajaron con sus devotos al Caribe.

Antes de partir hacia la lejana isla, le pidió un favor a Yemayá: "Alísame el cabello y aclara mi tez para que se asemeje al color del *cobre*. Si voy a Cuba, quiero ir como *mulata*, para que un día pueda ser la Madre de todos los cubanos, amos y esclavos, blancos y negros, españoles y africanos. Todos los cubanos finalmente se unirán para adorarme". Pero cuando Ochún llegó a Cuba, primero se escondió. Si quería estar presente entre sus hijos esclavizados, tendría que ponerse la máscara católica blanca de las deidades españolas para ocultar su rostro negro africano. El *ashé* hizo posible esta transformación. Porque todo lo que existe contiene *ashé*, los *orishas* como seres universales, se manifiestan en los símbolos y figuras religiosas de otras tradiciones. Lo que los españoles, supuestamente superiores no veían, los esclavos africanos lo reconocían rápidamente. Ochún se dio a conocer a través de una estatua medieval en particular que los blancos veneraban: La Virgen de la Caridad del Cobre. Finalmente, se revelaría a través de esta carcasa vacía católica en una mañana nublada, noventa y nueve años después de que el primero de sus devotos desembarcara encadenado en suelo cubano. Podría haberse aparecido al sacerdote español local o, incluso al obispo, pero eligió dar a conocer su presencia a aquellos que habían sido rechazados.

"Despierta Rodrigo", dijo suavemente Juan en su idioma taíno nativo mientras sacudía a su hermano mayor. Desde que los españoles clavaron por primera vez su bandera en suelo indígena y comenzaron a diezmar a su gente, quedaron pocos de los habitantes originales. En el nombre de Jesús, las mujeres fueron violadas, los hombres arrojados a los perros para ser literalmente despedazados, los niños destripados. Las piedras y los palos no eran rivales para las espadas de acero. Los cuerpos desnudos no tenían ninguna oportunidad ante una armadura completa de hierro. La avaricia condujo a crueldades tan insoportables que las madres indígenas optaron por ahogar a sus bebés en el río como una mejor alternativa que vivir bajo el sádico gobierno cristiano. Los hermanos De Hoyos fueron de los pocos que quedaron desde la invasión genocida. El sol aún no había irrumpido en ese día de septiembre de 1612, y ya se les estaba haciendo tarde. Comenzar a trabajar antes de que saliera el sol y terminar horas después de que se pusiera, día tras día, dejaba poco tiempo para que el cuerpo descansara por completo. "*Coño*", respondió Rodrigo, una de las pocas palabras en español que sabía, mientras se frotaba el cansancio de los ojos. Yaciendo medio despierto en el limitado *bohío*, se volvió hacia su hermano Juan, que seguía acostado a su lado. La pequeña cabaña con estructura de madera cubierta por un techo de paja con hojas secas de palma apenas era lo suficientemente grande para acomodar a los dos adolescentes cuando se tendían en el suelo de tierra para dormir. A oscuras se pusieron unos harapos, la ropa de usar y tirar que alguna vez usaron sus capataces españoles. Mientras el gallo dormía, los dos adolescentes larguiruchos, con las barrigas gruñendo de hambre, se abrieron paso, a través de la espesa niebla matinal, hasta la orilla de la bahía de Nipe, ubicada en el extremo nororiental de la isla. El suelo bajo sus pies descalzos todavía estaba mojado por el rocío de la mañana. Pronto, un niño africano de diez años llamado Juan Moreno se unió a los hermanos De Hoyos. Los tres, todos huérfanos, vivieron una vida de privación entre los más desamparados. El hecho de que todos tuvieran nombres españoles demuestra el éxito de la conquista y pacificación de la isla. Se comunicaban entre ellos en un español entrecortado, ninguno de ellos hablaba con fluidez, pero lo suficiente como para poder trabajar juntos.

Cuando llegaron a la bahía de Nipe, a una milla de su *bohío*, subieron a bordo de una canoa tallada en un solo tronco de árbol y salieron en busca de sal. Las aguas de esa mañana nublada estaban tranquilas y acogedoras, a pesar de que era temporada de huracanes. La bahía era una importante fuente de sal necesaria en los mataderos del pueblo para la curación de la carne. Tal vez, si había suerte, también podrían pescar algo para saciar su hambre. Y si no conseguían pescar nada, esperaban encontrar suficiente sal para intercambiar por comida y poder durar hasta la mañana siguiente, cuando se verían obligados a repetir esta misma tediosa rutina otra vez, y así todos los días por el resto de su existencia, apenas subsistiendo *"Puta españoles"*, murmuraban a menudo entre dientes.

Alrededor de las 5:30 de la mañana, cuando Rodrigo y los dos Juanes estaban a mitad de la bahía remando hacia Cayo Francés, se desató una violenta tormenta. "*Coño*, exclamaron a la vez, sorprendidos. Las nubes se oscurecieron de repente. Un relámpago brilló como si unos largos dedos intentaran tocar las aguas que rodeaban a la desvencijada embarcación. Empezaron a levantarse enormes olas, rompiendo sobre ellos mientras su canoa era sacudida de un lado a otro. El terrible huracán amenazaba con volcar la canoa cuando el agua llenó el casco. Mientras los hermanos De Hoyos intentaban estabilizar la embarcación, el negrito intentaba achicar el agua que se acumulaba cada vez más. El miedo se apoderó de los tres muchachos cuando comenzaron a darse cuenta de que iban a ahogarse. En cualquier momento, su pequeño bote simplemente volcaría. Todo estaba perdido. Desesperados, recurrieron a sus espíritus ancestrales en busca de ayuda, gritándoles en sus propios idiomas, tan fuerte como pudieron para ser escuchados por encima de la furia de la tormenta. Los hermanos indígenas buscaban a los zemis, los espíritus de la naturaleza, mientras que el negrito evocaba el nombre de Ochún, la diosa a quien su madre, antes de morir, solía ofrecer súplicas acompañada de sacrificios. No sabía mucho sobre esta diosa de su antiguo país, excepto que, desde la llegada de sus antepasados a la isla, a menudo acudían a ella en momentos de necesidad. Tan pronto como los niños pronunciaron palabras que revivieron su relación con los espíritus de sus ancestros, la tormenta, igual que se había desencadenado sobre ellos, amainó.

Aliviados y agradecidos por el mar, ahora tranquilo, se derrumbaron en el bote y trataron de respirar mientras reían nerviosamente. Fue entonces cuando Juan Moreno notó a lo lejos lo que parecía ser un bulto blanco flotando hacia ellos. "¿Qué podría ser eso?" se preguntaron unos a otros. Tal vez algo de valor de algún naufragio que no sobrevivió a la tormenta. "Tal vez un tesoro", sugirió Rodrigo. Dirigiendo la canoa hacia el objeto, se acercaron lo suficiente como para distinguir una tabla sobre la que había una estatua de arcilla tallada de dieciséis pulgadas de la diosa cristiana conocida como *la Virgen María*. En una mano llevaba al niño Jesús, en la otra una cruz de oro. Sorprendentemente, la estatua estaba seca y ni siquiera había sido salpicada por el agua salada. Sin que los muchachos lo supieran porque eran analfabetos, a sus pies estaban inscritas las palabras *"Yo soy la virgen de la caridad"*.

Los hermanos De Hoyos no quedaron impresionados con la estatua cristiana, debido a su rotundo rechazo a la religión de sus opresores, y francamente, continuaron haciéndolo incluso después de este aparente evento milagroso. Sin embargo, lo que no rechazaron fue el mundo espiritual que usa constantemente símbolos reconocibles a través de los que se comunica con los simples humanos. Recogieron la estatua de las aguas y la llevaron al pueblo de Barajagua, contándoles a todos sus aventuras y el supuesto milagro que presenciaron. Juan Moreno, el niño africano, fue el primero en reconocer el *ashé* de la estatua. Sus oraciones fueron respondidas por la *orisha* que había viajado con sus hijos a esta isla olvidada de Dios. Qué irónico que la diosa del placer sexual decidiera disfrazarse de virgen. Esa noche sacrificó una gallina amarilla a Ochún en acción de gracias. Gracias a los dos indios y al africano, Ochún se reveló y con el tiempo se convirtió en la madre de todos los cubanos, declarada Patrona de la isla por el Papa Benedicto XV el 10 de mayo de 1926; pero a un precio que algunos opinarían que era demasiado alto. Su *blanqueamiento*, su tez blanquecina.

Cuando salí de Cuba

Manuel no quería el asiento de la ventana. El dolor de ver a su amada isla desaparecer en el horizonte simplemente era demasiado difícil de soportar. Dejó que su esposa Marta, con la que se había casado casi siete meses antes, se sentara allí en su lugar. Su vestido amarillo brillante, lleno a reventar por su voluptuosa figura, brillaba desafiante sobre el estado de ánimo sombrío de todos en el avión. En su regazo burbujeaba su niño regordete de dieciocho meses: Miguelito, vestido con una camisa de marinero blanca con demasiados lazos y pantalones azul marino, que, gracias a Dios, todavía estaban secos. Su madre le sonrió, arrulló y besó sus gordas mejillas, sus pulseras baratas de metal pintado de amarillo tintinearon mientras lo mecía en silencio, una escena tan feliz en medio de tanta desesperación.

Miró por la ventana, pero había poco que ver porque todo estaba oscurecido por unas nubes negras densas. Los relámpagos iluminaban regularmente el interior del avión, dando a todos, por un instante, un tono pálido y fantasmal. Era como si Changó, el dios del rayo estuviera tan enfadado como Manuel por su marcha. Los pasajeros del avión, hacinados externamente, amontonados por fuera mientras se desmoronaban por dentro, se encontraban entre dos aguas, atrapados entre todo lo que sabían y un futuro desconocido y poco acogedor, un futuro en el que tendrían que vivir durante los años que les quedaban de vida. Tantas emociones contradictorias. Júbilo y alivio por partir de una pieza, a salvo y con vida, antes de que fuera demasiado tarde. Aprensión y ansiedad por lo que se avecinaba. Angustia y dolor por haber tenido que despedir a familias a las que quizás nunca más volverían a ver. Angustia y pesar por los que quedan atrás. Temor y nerviosismo por la tormenta que se avecina afuera y que sacude el avión. Confusión y vergüenza sobre lo que sería su nueva identidad como extranjeros en una tierra extraña y hostil, donde la mayoría de los pasajeros del avión serían recibidos como una cultura inferior. Sintieron que estaban siendo empujados hacia una tierra de tontos y bocazas que pueden tener abundancia, pero carecían de sofisticación, arraigo o tradición.

Marta y Manuel, al final, envejecerían juntos y morirían como otro par de cubanos con el corazón roto. Ya no tendrían sobre sus cabezas los brillantes cielos azules, o las aguas del océano brindándoles un cálido abrazo. ¿Cómo se forja una identidad en el exilio? ¿Qué pasa si el amor de uno por La Habana sigue siendo más fuerte que la lealtad a Babilonia? ¿Cómo puede uno llamarse cubano sin Cuba? Sin poder volver a sus cálidas playas tropicales, con sus huesos, en su lugar, internados en una fría tierra extranjera que nunca los aceptará, despreciando su mera presencia.

Miguelito sería testigo de la humillación cuando era todavía un niño pequeño al ver a adolescentes blancos escupir a su padre mientras lo llamaban "*sudaca*". Aunque Miguelito dejó la isla cuando era un bebé en brazos, también cree que eventualmente él morirá insatisfecho, sin tener nunca un lugar al que llamar hogar. Vivir en el *exilio*, lejos de la tierra que te vio nacer, significa no visitar nunca la casa de la abuela para comer los frutos que crecen en su jardín. Es vivir donde lo que era familiar para los padres ahora es extraño. Aunque hubiera sido posible reubicarse en la isla natal de Miguelito, nunca se compararía con la mítica tierra imaginaria que sus padres le describieron en lo más recóndito de su cerebro donde aprendió a apreciar y amar la ilusión como si fuera real. Se llamaría cubano porque su madre, nueve meses después de copular con su padre, estaba viviendo en esa particular isla del Caribe, en una particular extensión de tierra que parecía un cocodrilo.

Como muchos de los pasajeros de ese día, esta era la primera vez que toda la familia De la Cruz volaba en un avión. El viaje estuvo lleno de turbulencias en más de un sentido. Manuel se sentó junto a su familia en los asientos Palomar del centro, fumando en silencio su cigarrillo, mirando fijamente la puerta cerrada de la cabina, pero fijándose solo en la nada que se extendía por delante. Junto a él, sentado en el asiento del pasillo estaba un adolescente que pretendía ser todo un hombre. El *pobre*, pensó Manuel, debe estar dejando atrás a toda su familia en su huida del comunismo. Se inclinó hacia el adolescente y le susurró suavemente: "No te preocupes, *volveremos"*. Era más una declaración de su propia determinación que una medida de consuelo. El chico muy flaco y con el cabello castaño desaliñado no se dio cuenta del apoyo de Manuel. Más bien, tragó nerviosamente y se aferró con más fuerza a su caja de Cohíbas. Todos los pasajeros del avión se exiliaron con cajas similares, pero no porque fueran unos expertos. Cuando llegaran, habría aficionados *yanquis* esperando en el aeropuerto listos para comprar su preciado cargamento ahora que se estaba volviendo más difícil conseguir los mejores puros del mundo. Esta sería la primera lección rentable de los pasajeros sobre el capitalismo salvaje.

El vuelo Pan American DC 8 de La Habana a Miami duraba sólo unos cincuenta y cinco minutos. Cincuenta y cinco minutos para empezar una nueva vida en tierra extranjera. Cincuenta y cinco minutos antes de convertirse en un extranjero entre los filisteos. Cincuenta y cinco minutos para transitar entre dos mundos, uno libre, el otro esclavizado; pero ¿cuál era cuál? *"Pobre* Cuba", reflexionó Manuel pensando que sabía la respuesta. "Pusimos nuestra confianza en los *yanquis,* un pueblo estúpido que está más preocupado por las ganancias rápidas, sin considerar verdaderamente las consecuencias de lo que está ocurriendo a noventa millas de sus costas. Si los *yanquis* no hubieran suspendido la venta de armas a Batista en marzo del 58, yo no estaría en este maldito avión".

Mientras se regodeaba en su situación, Manuel recordó que una vez estuvo pensando ir de vacaciones a visitar la tierra de los místicos *yanquis*. Pero ahora, junto con todos los demás a bordo, abandonaban su tierra natal casi sin nada. Si solo dependiera de él, nunca habría tenido el coraje de irse. Pero Marta resueltamente decidió *"¡Para atrás ni para tomar impulso!"* y así fue. Así que ahora estaban en un avión con todas sus posesiones terrenales reducidas a una maleta abultada de piel sintética de color canela llena de ropa y sueños rotos. Sin embargo, a pesar de tan poco equipaje, todos en el avión llevaban su mejor traje o vestido como si estuvieran asistiendo a un cóctel semiformal. El reloj del abuelo de Manuel, el único recuerdo familiar que atesoraba, había sido confiscado en el aeropuerto. *"Gusanos* – Ya nos están dejando secos … *¡Basta!"* gruñó el barbudo guardia de seguridad del aeropuerto. Y con aire de desprecio, Manuel fue despojado del reloj y el anillo de bodas de oro que arrojaron a un recipiente rebosante de los restos dorados de los que iban al exilio. No le importaba mucho el anillo, pero echaría mucho de menos el reloj, enojándose cada vez que pensaba en él.

Los 258 asientos del avión estaban ocupados. Todos a bordo guardaban un silencio sepulcral. Algunas mujeres sollozaban en silencio cuando el avión abandonó el espacio aéreo cubano. *Comemierdas*, es tarde para las lágrimas, pensó Manuel. No habrían perdido nada si hubieran apoyado a la policía, hombres como él en su cruzada contra *los barbudos*. Miró a sus compañeros de viaje con desagrado. Cuántos de ellos colgaron carteles en sus jardines delanteros que decían *"Fidel, esta es su casa"*. A diferencia de estos *vendepatrias*, vendiendo su tierra natal por utopías comunistas, por lo menos peleé con ganas. ¿Cómo podía haber llegado a esto? pensó Manuel mientras el DC 8 ascendía a una mayor altitud de crucero por encima de las nubes amenazantes para evitar turbulencias. ¿Cómo se veía forzado a huir de la única tierra que había conocido? Él, como tantos otros, se había quedado sorprendido por la rapidez con que capituló el gobierno de Batista. Las victorias militares de los rebeldes en Santa Clara parecían haber sido el último clavo en el ataúd del régimen al que había servido tan fielmente.

Después de que los hombres de Fidel si hicieran con Santa Clara, Manuel y todos los demás patriotas vieron la perdición que les esperaba al ver cómo el Ché exhibía su sed de sangre, específicamente por cómo trató al jefe de policía, el coronel Cornelio Rojas, un hombre decente y honorable en sus setenta años, Rojas lideró la resistencia contra los rebeldes, ordenando a sus hombres que defendieran su amada ciudad, o morirían al hacerlo. Fue capturado defendiendo la estación de policía, juzgado en un tribunal popular, y condenado a morir fusilado. Pero el *viejo*, este anciano, tenía unos *cojones* enormes. No sólo rechazó una venda en los ojos, sino que cuando llegó el momento de dar la orden de ejecución, pidió permiso, que le fue concedido, para comandar él mismo el pelotón de fusilamiento. Incluso sus verdugos se vieron obligados a admirar su valentía, porque así es como deben morir los hombres de verdad. Manuel fantaseaba con tales glorias para sí mismo, aunque hizo todo lo que estuvo a su alcance para evitar un destino similar.

Manuel esperaba que Batista hubiera mostrado los mismos *cojones* que Rojas. Pero, por desgracia, quedó claro que Batista solo estaba pensando en sí mismo y sus compinches políticos. El 31 de diciembre, último día del año empapado de sangre, ordenó a su gobierno y mandos militares reunirse en

Camp Columbia para despedir 1958, aunque allí era algo más que tan solo una celebración de fin de año. Alrededor de las 2 a. m., instaló un gobierno de papel mojado, renunció como presidente, se subió a un avión militar con unos cuarenta altos funcionarios y sus esposas, incluido el coronel supervisor de Manuel, Orlando Piedra, y voló a República Dominicana. Por supuesto, los hijos de Batista se habían ido en secreto a los EE. UU. dos días antes, junto con una fortuna estimada en $ 300 millones, o alrededor de una cuarta parte de todos los gastos del gobierno de la isla. La noche de la huida de Batista, Manuel estaba en el Casino Capri con su cita Celia, dando la bienvenida al nuevo año. Siguió regresando al Capri, a pesar de que sabía que los dados del casino estaban cargados, las bebidas diluidas y las máquinas tragamonedas preparadas para pagos bajos. Por eso se quedó con el póquer, que estaba jugando alrededor de las 3 am cuando la noticia de la partida de Batista, como la pólvora, comenzó a correr por todo el bar.

Mientras Manuel continuaba jugando su mano, la idea de huir se agolpaba en su mente. Todos los que trabajaban en el casino sabían que era policía. No podía regresar a su apartamento porque algunos vecinos resentidos podrían alertar a las células comunistas; sospechaba que pronto estarían vagando por la ciudad en busca de quienes podrían ejercer años de venganza. Había escuchado historias mientras crecía sobre lo que había ocurrido después del derrocamiento del régimen de Machado diseñado por Estados Unidos. Mucha gente salió a las calles como vigilantes, buscando ex-policías y descargando su ira sobre ellos. No, Manuel no podía arriesgarse a regresar a su apartamento por si acaso esa noche se repetía el baño de sangre de 1933. Con un suspiro, ignoró su mano ganadora y se retiró. Pidiéndole a Celia que vigilara sus fichas que dejó sobre la mesa, se excusó y caminó hacia el baño. En el último minuto, en lugar de girar a la derecha hacia donde estaban los baños, giró bruscamente a la izquierda hacia las puertas principales y salió, dejando atrás para siempre el casino y la encantadora Celia de piernas largas.

Una vez fuera, el aroma habitual de las calles - café, tabaco mezclado con azúcar, ron y sudor - tenía ahora un nuevo ingrediente, la pólvora. Debido a que algunas de las armas de fuego en la isla eran viejas, muchas procedían de la Segunda Guerra Mundial, el olor sulfúrico llenaba las horas previas al amanecer mezclándose con la nitroglicerina picante más moderna, emitiendo un aroma que se parecía al azúcar quemado. Podía oír disparos a lo lejos mientras se saldaban viejas cuentas. Sin un destino en particular, comenzó a caminar por la calle N rumbo al *centro de La Habana,* sin saber qué hacer, adónde ir, permaneciendo mayormente en calles laterales y callejones. Justo cuando se iba, notó que una multitud se estaba reuniendo en la puerta principal del casino. En cuestión de minutos estarían dentro volcando mesas, destrozando máquinas tragamonedas y saqueando. Los bárbaros ahora tenían el control, convencidos por la propaganda de que su país se había convertido en una especie de prostíbulo. Hacía mucho tiempo que había reinventado la isla en su imaginación para enmascarar la realidad. Según Manuel, La Habana era un espacio exótico creado por Estados Unidos para los blancos puritanos que buscaban satisfacer sus apetitos libidinosos reprimidos. La Habana de 1958 sirvió como burdel estadounidense con casinos controlados por la mafia, la capital del sexo y el aborto del hemisferio occidental. Esto es lo que en realidad defendía Manuel. Ahora, la gente que ha vivido bajo un sistema que floreció a sus expensas desataba décadas de rabia reprimida contra los símbolos del antiguo régimen. "*Comemierdas*, ¿no ven que estos casinos generan empleos y traen *yanquis* con dólares?", pensó Manuel.

Cuando pasó por las oficinas de la Shell Petroleum cubana, los saqueadores ya estaban adentro. Pasó junto a un joven con un bate de béisbol que estaba destrozando los parquímetros. En la mente de este vándalo, estas máquinas significaban corrupción, como la que Manuel apoyaba y protegía. Todos sabían que las monedas de los parquímetros iban directamente a un pequeño grupo de altos funcionarios dentro del régimen. Si el vándalo hubiera sabido que el extraño bien vestido con zapatos negros brillantes que pasaba junto a él era un policía, probablemente le habría partido el cráneo. Horas después, Manuel se encontraba en la calle Virtudes; pero esta noche no había prostitutas incitando con vestidos floreados escotados, todas se dispersaron en busca de lugares más seguros.

Decidió dirigirse a casa de Marta que estaba ubicada al oeste del *barrio chino*. Mientras pasaba por el *Teatro Shanghái* en la calle Zanja, entre Campanario y Manrique, la multitud de estaba saliendo del teatro de madrugada. Acaban de terminar de complacer su lujuria viendo un programa de sexo en vivo donde un hombre gay negro llamado el "Hombre de los ojos soñolientos", también conocido como Superman, desvirgaba a una actriz rubia teñida con su supuesto atributo erecto de dieciocho pulgadas. Sin duda, el espectáculo habría hecho sonrojar al mismo Calígula. Tales establecimientos atendían los placeres inhibidos de los mojigatos turistas estadounidenses, quienes, por un billete de ida y vuelta de cincuenta dólares en un crucero de fin de semana, podían dar vacaciones a su conciencia, su fe y su moralidad. Manuel, con su cabello rubio y sus ojos azul verdosos, se mezclaba fácilmente con la multitud de hombres, en su mayoría norteamericanos, que salían del teatro, brindándole protección momentánea mientras continuaba su camino hacia el oeste.

A diferencia de los turistas que lo rodeaban, Manuel carecía de los medios para salir de la isla cuando quisiera y estaba frustrado porque ninguno de sus superiores pensaba que era lo suficientemente importante como para que le hubieran proporcionado un asiento en uno de los aviones que partían. Se sintió airado por quedarse atrás cuando él y otros como él habían arriesgado sus vidas. Ahora existía una posibilidad muy real de que se viera obligado a pagar el precio máximo por su ciega lealtad. Pensar en todo lo que había hecho por Batista hizo que se sintiera traicionado y abandonado, un sentimiento que continuaría carcomiéndolo durante el resto de su vida.

Pronto, la multitud de hombres anglosajones disminuyó cuando se dieron cuenta de que las vacaciones de la moral se estaban desarrollando en medio de una revolución. Rápidamente se dirigieron a sus hoteles. De nuevo solo, Manuel vio a más civiles que apoyaban a Castro en las calles, por lo que apresuró el paso para refugiarse en un lugar donde pudiera descansar y pensar. Si no salía de las calles pronto, solo sería cuestión de tiempo antes de que lo detuvieran e interrogaran. Al no tener adónde ir, continuó su trayecto hasta la casa de Marta. Seguramente, le proporcionaría cobijo. Ella siempre había afirmado que él era el padre de su hijo; aun así, no estaba seguro de cómo sería recibido, ya que había roto por completo el contacto con ella una vez que le dijo que estaba embarazada. Eso fue alrededor de abril pasado, según recuerda.

Al amanecer, alrededor de las 6 am, todavía caminaba por la calle Zanja, hacia la vivienda de Marta, notando en varios cruces cómo células rebeldes de la ciudad que ayer estaban escondidas ahora intentaban hacerse y mantener el control de las calles, hasta que al menos los ejércitos rebeldes llegaran. Rápidamente se deslizó de sombra en sombra, sin detenerse ni un minuto, llegando finalmente al edificio de olor dulce apodado "el cake", debido a la pastelería en el primer piso. Un trayecto que probablemente habría durado menos de sesenta minutos duró más de tres horas aterradoras.

Según entraba en el edificio, escuchaba en la distancia a la multitud cantando: *"Ya ya ya ya, te ganaste la guerra, Gánate ahora la paz, Que el que haya sido cruel, Tenga su justicia honrada."* Manuel más tarde escucharía el sonido que tenía la justicia honorable. El Ché conquistó La Cabaña alrededor de las 4 am del segundo día, una fortaleza del siglo XVIII ubicada en el lado este de la entrada del puerto que fue utilizada por Batista como prisión militar. Los guardias y los prisioneros intercambiaron lugares en ese momento. Desde allí se instaló el centro de mando de la Revolución para comenzar a controlar la ciudad. Manuel desconocía en ese momento que sus propios compañeros policías, junto con otros *batistianos*, ex-soldados y funcionarios públicos, estaban siendo sistemáticamente detenidos y encarcelados en espera de juicio. Si Manuel no hubiera actuado con rapidez para permanecer oculto, sin duda se habría unido a ellos en sus celdas y en su destino. En aproximadamente una semana se enfrentarían a pelotones de fusilamiento tras ser condenados por tribunales militares. Los rebeldes podían estar saciando su sed de sangre hoy, pero Manuel rezaba para poder sobrevivir y presenciar el día en que sería el turno de devolverles el favor. Esperaba realmente poder sobrevivir, debido a su precaución, para eventualmente vengarse. Su expediente no estaba entre los de sus compañeros policías cuando los rebeldes irrumpieron en su comisaría. Pero siempre existía el peligro de que lo reconocieran; al fin y al cabo, en su tipo de trabajo, había hecho más de unos cuantos enemigos a lo largo de los años.

De pie ante la puerta de Marta, temía llamar. ¿Y si le cierra la puerta en la cara? ¿Entonces, qué? ¿Adónde iría? Afortunadamente para él, ella tenía miedo de todo el alboroto que había en las calles y se sentía muy sola frente a las incertidumbres que se avecinaban. Además, todavía amaba al hombre que eventualmente criaría a su hijo y creía que una vez que conociera al niño, vería el parecido y lo reclamaría como suyo. Tal vez esta Revolución podría convertirse en una bendición disfrazada si pudiera unirlos como la familia que siempre soñó tener.

Debido a la vida difícil que había vivido, una madre soltera tratando de sobrevivir en una cultura machista, el ideal de familia significaba todo para Marta. Nacida en las colinas

71

de Santa Clara, nunca asistió a la escuela, permaneciendo analfabeta hasta que poco a poco aprendió a leer por sí misma cuando se convirtió en adulta. Cuando era una niña, su padre se vio envuelto en una pelea de bar, respondiendo a un insulto a su honor. Los puños volaron, se sacaron cuchillos, pero su padre fue más rápido que su oponente. El apuñalamiento lo llevó a prisión, dejando atrás a su esposa y sus tres hijas pequeñas para valerse por sí mismas. Incapaz de sobrevivir, Marta, la mediana, fue vendida a una familia rica como sirvienta, donde ella, como preadolescente, se enfrentó a abusos físicos y sexuales. Años de opresión habían agudizado su inteligencia callejera, convirtiéndola en una mujer analfabeta extremadamente sabia.

Al oír que llamaban a la puerta, el *cafecito* matutino de Marta, caliente y espumoso en su diminuta taza de porcelana amarilla, casi le había tocado los labios, pero volvió a caer con estrépito sobre su platito en miniatura a juego. Una mujer que vivía sola con un recién nacido era un blanco fácil para los hombres en una noche así. Miró a su bebé dormido y agarró el cuchillo de cocina más afilado que tenía antes de abrir lentamente la puerta. Ver a Manuel parado allí, acalorado y sudoroso por su larga caminata, la sorprendió, pero de todos modos lo abrazó con fuerza. El terror de Manuel se desvaneció al derretirse en la fortaleza de su suave y perfumado abrazo. Dio un suspiro de alivio. En este minúsculo apartamento doméstico, con su jarrón de girasoles sobre la mesita del desayuno, podría bañarse, comer, dormir y pensar. Si alguien lo estaba buscando, no tendría forma de saber que estaba escondido en este apartamento. Aquí estaría a salvo.

Aunque en ese momento no dijo nada al respecto, Marta había visto de inmediato la expresión de desesperación en su pálido rostro y el estado de su ropa cuando le abrió la puerta a las seis de la mañana. Ella entendía muy bien cómo estaban las cosas en Cuba, lo que había estado sucediendo en las montañas y cómo la situación ahora había llegado justo a su puerta. A medida que pasaban los días y Manuel seguía allí, ella continuó sin decir nada sobre su abrupta llegada, manteniendo conversaciones ligeras y casuales. No había nada que hacer más que esperar pacientemente hasta que Manuel encontrara fuerza y una dirección de futuro.

Al principio, si Manuel se aventuraba a salir, era sólo de noche cuando podía entrar y salir entre las sombras, una forma de moverse que, curiosamente, siempre lo había hecho sentirse seguro y cómodo. Era demasiado peligroso caminar por las calles a la luz del día donde podrían verlo. Para el 7 de enero, se dio cuenta de que todo estaba perdido. Fidel hizo su entrada triunfal en La Habana y Estados Unidos reconoció oficialmente al nuevo gobierno. *Comemierdas*. Manuel sabía que tenía que salir de la isla, pero ¿cómo? Comenzó a dejarse barba para ocultar su apariencia. Esto le daría tiempo, pero en cualquier momento podrían atraparlo. La seguridad ahora dependía de su relación renovada con Marta, por lo que se tragó su orgullo y comenzó a prestar atención al bebé. Miguelito se convertiría en su billete de salida, evitando *el paredón*, la cita ineludible con un pelotón de fusilamiento. Para ser justos, trató de amar a este niño lo mejor que pudo, aunque nunca lo aceptó completamente como propio. Criaría a Miguelito, poniendo comida en la mesa y ropa para vestirle, enseñándole lo que significaba ser macho. Nunca pegó al niño, aunque los golpes físicos podrían haber sido más misericordiosos que los emocionales y psicológicos. A regañadientes, tuvo que admitir que había desarrollado un verdadero afecto por el niño, lo que le valió la lealtad de la madre del niño. Marta creyó que Ochún, la diosa del amor finalmente había escuchado sus peticiones y había aceptado sus ofrendas.

La noche siguiente, Castro pronunció su primer discurso nacional desde Camp Columbia, el mismo lugar de donde partió Batista alrededor de una semana antes. Mientras suplicaba por la paz y la unidad, alguien soltó dos palomas blancas, una de las cuales se posó en su hombro. Un "acto de providencia" es como el diario más antiguo de Cuba, el conservador *Diario de la Marina*, describiría el evento en su portada al día siguiente. Para los católicos en el público, o que lo veían por la televisión, fue como cuando el Espíritu Santo descendió en forma de paloma sobre Jesús después de su bautismo. Pero para los seguidores de los *orishas*, fue una reminiscencia de cuando Obatalá, el paternal *orisha* de la paz, la tranquilidad y la armonía, apareció como una paloma sobrevolando la reyerta física que ocurría entre sus dos hijos guerreros, Changó, el dios del trueno, y Oggún, el dios de la guerra, poniendo fin, aunque fuera temporalmente, a la rivalidad con su hermano.

La paz fue una ilusión rápidamente desvanecida el 13 de enero, cuando Castro decretó que los juicios a los criminales de Batista continuarían hasta que todos ellos comparecieran ante la justicia, y ésta se definía como un pelotón de fusilamiento. El estadio deportivo, con capacidad para 18.000 espectadores, sería utilizado para los tribunales militares públicos, donde el pueblo gritaba *¡Paredón!* Tres meses después, casi quinientas personas corrieron su suerte alineadas contra ese muro, muchas de las cuales eran colegas y conocidos de Manuel. Poco a poco, después de unos meses, las ejecuciones comenzaron a disminuir. Para entonces, Manuel, con una barba ya poblada y convencido de que estaba a salvo, comenzó a salir nuevamente durante el día. Incluso logró obtener un trabajo de limpieza en un edificio de oficinas. Pero en sus horas libres se dedicaba a actividades contrarrevolucionarias. El trabajo de Manuel era ayudar en la coordinación de actos de sabotaje en toda La Habana. Había dejado muchas bombas en iglesias que apoyaban a la Revolución. En realidad, no era él quién dejaba las bombas. Enviaba a Marta con Miguelito a asistir al servicio eclesiástico. Nadie habría sospechado de una madre con su hijo. Una vez que la misa había finalizado, ella se marchaba con el niño dejando el bolso del bebé con una bomba debajo del banco de la iglesia. Nunca le dijeron a Miguelito, una vez que fue adulto, si alguna de ellas había explotado, solo que, en la mayoría de los casos, incluían una nota de advertencia exigiendo a la iglesia que dejara de apoyar a la Revolución, o de lo contrario, la próxima vez sí explotaría.

Su participación en actividades contrarrevolucionarias significaba que era solo cuestión de tiempo antes de que fueran atrapados. Marta seguía insistiendo en que debían huir antes de que también los hicieran marchar hasta una pared para enfrentarse a un pelotón de fusilamiento como tantos de los colegas de Manuel. Entonces, ¿qué pasaría con su precioso hijo? El G2, la nueva policía política cubana, ya había comenzado a acercarse. Todavía no sabían su nombre, pero sabían que había algunas personas en la isla aliadas con la CIA para una posible invasión respaldada por Estados Unidos.

Afortunadamente, nunca fue reconocido, aunque una vez creyó haber sido visto en un autobús por cuatro ancianas que vestían vestidos negros y grises pasados de moda. Seguían mirándolo fijamente, como si estuvieran tratando de recordarlo, susurrando entre ellas. Tan pronto como el autobús hizo su próxima parada programada, Manuel, siempre demasiado cauteloso, se bajó. Notó que mientras el autobús se alejaba, los ojos de una de las mujeres, que aún lo miraba desde la ventana del autobús, se agrandaron, como si finalmente recordara, pero ya era demasiado tarde. Mientras el autobús se alejaba, Manuel se deslizó por una calle lateral, regresando a casa de Marta, comprometiéndose a no volver a ser tan descuidado. El día que lo vieron, decidió escuchar a Marta y comenzar a organizarse para salir de la isla. Pero irse solo sería difícil. Si estuviera casado y tuviera un hijo, sería más fácil obtener un visado de turista del gobierno de los Estados Unidos. El 8 de septiembre de 1959, Manuel finalmente se casó con Marta y Miguelito dejó de ser técnicamente un bastardo, aunque quienes luego lo conocerían como adulto insistieran en lo contrario.

Su familia, sin embargo, no estaba demasiado encantados en aceptar a Marta como una De la Cruz, creyendo que al final se iba a casar con ella. Cuando su abuela paterna vio por primera vez al niño, le levantó la camisa y le dio la vuelta para examinar la parte inferior de su trasero, buscando el par de pecas hereditarias. Todos los hombres De la Cruz tienen esta marca de nacimiento, anunció. Una vez que vio la pequeña decoloración de su piel, declaró que el padre del niño era Manuel y a regañadientes aceptó al niño como su nieto. Sin que ella lo supiera, esas mismas marcas se desvanecieron cuando aún era un niño pequeño. El resto de la familia de Manuel no estaba tan convencida y durante toda su juventud Miguelito escuchó continuamente rumores sobre su dudosa paternidad. La hermana de su padre, Adela, se aseguró de que supiera la verdad, aunque un niño de diez años no debería escuchar esas cosas. La familia de Manuel nunca perdonó a Marta por engañarlo para que se casara y lograr así que el embarazo y su hijo fueran respetables, aunque el bebé fuera suyo o no. Sin embargo, en los albores de la Revolución Cubana, Marta y su bebé eran el billete de salida de Manuel.

Dicen que detrás de cada hombre hay una gran mujer. En realidad, frente a toda gran mujer hay un hombre que la bloquea. Gracias a Marta, Manuel reunió el coraje y la determinación de dejar la isla hacia lo desconocido. Él podía haber sido el supuesto cabeza de familia, pero fue ella quien se convertiría en la fuerza impulsora. Siempre fueron Marta y Manuel, nunca Manuel y Marta. Y si organizó la salida de la isla a Estados Unidos, fue por temor a lo que le pasaría a Manuel si alguna vez lo atrapaban, más que por el deseo de vivir entre los *yanquis*. Nunca confió realmente en ellos, los conoció mejor mientras les servía la comida y vivía de sus propinas en el hotel donde trabajaba como camarera. Los EE.

UU. pueden tener libertad y riqueza, pero, a decir verdad, ella siempre pensó que su riqueza tenía un precio demasiado alto. Estos pobres norteamericanos, rumiaba, se creen ricos, pero lo único que tienen es su dinero que contribuye a la pobreza de su alma, escasez provocada por su ojo codicioso que siempre busca poseer lo que pertenece a los demás.

Una vez que Manuel estuvo oficialmente casado, tardaron meses en obtener las cartas de referencia falsas que acreditaban su carácter moral recto y un visado de turista para su nueva familia. Con estos ya en mano a fines de marzo de 1960, llamó a sus antiguos contactos en Pan American Airlines y reservó dos asientos en el próximo vuelo de salida del país, que sería a la mañana siguiente, el 1 de abril. Casi al mismo tiempo, la administración de Eisenhower estaba dando luz verde para el eventual derrocamiento militar del régimen de Castro. La Operación Mangosta se convirtió en un plan encubierto orquestado por la CIA, más conocido por los estudiantes de historia como el fiasco de Bahía de Cochinos. Aunque los De la Cruz ya estarían viviendo en el exilio cuando se llevó a cabo la operación para derrocar a Castro, los actos contrarrevolucionarios de Manuel sirvieron como un elemento importante para sentar las bases de la invasión, aunque fracasó. Mientras se preparaba para partir, la embajada de los Estados Unidos cerraba y los lazos diplomáticos entre los dos países llegaban a su punto de ruptura.

Un relámpago recorrió el cielo y el avión volvió a temblar. Manuel siguió mirando hacia adelante, pero no pudo resistir una mirada de admiración ocasional al par de hermosas y largas piernas largas rematadas por la falda corta de la azafata que pasaba rozándolo para ver cómo estaban los demás pasajeros. No estaba seguro de qué esperar una vez que aterrizaron, pero entre su ansiedad había un destello de placer cada vez que olía ese perfume estadounidense que flotaba a su alrededor. Nunca se había acostado con una *yanqui,* pensó, un descuido que esperaba corregir. ¿Cuánto durará este exilio?, se preguntó. ¿Cuánto tiempo hasta que los *yanquis* invadan la isla y se deshagan del monstruoso régimen? Cada año brindaba desafiante por el próximo Año Nuevo con "el próximo año en La Habana"; y con las maletas, imaginariamente listas en sus armarios para volver en cualquier momento.

El piloto anunció que pronto aterrizarían, así que debían abrocharse los cinturones. Manuel respiró hondo preparándose para la incertidumbre que se avecinaba y registró todos los detalles de este vuelo en su memoria como policía entrenado. Miguelito, en cambio, dormía plácidamente, ajeno y despreocupado en brazos de su madre.

Ratas y cucarachas

Su madre, Marta, se sentó en un viejo taburete de madera en medio de una habitación austera que contenía un par de muebles donados desparejados. Estaba llorando, "*¿Por qué Dios mío? ¿Por qué?*" La habitación estaba oscura y gris, como si estuviera anocheciendo sin ninguna de las luces encendidas, o bien, para ahorrar en el costo de la electricidad o como resultado de alguna factura sin pagar. Aunque Miguelito, en ese momento, no podía entender por qué la habitación olía de esa manera, nunca olvidaría el aroma penetrante y almizclado de los excrementos de rata mezclados con el fuerte amoníaco de su orina. Décadas más tarde, cuando viajaba en metro o pasaba por un callejón, un olor accidental desencadenaba de inmediato su vergonzosa ansiedad de no sentirse nunca completamente limpio. El hedor de la pobreza infantil nunca desaparece por completo, independientemente de la seguridad financiera que uno tenga más adelante en la vida. Lo que Miguelito retuvo, más que los estímulos sensoriales, fue un sentimiento de impotencia, de saber que algo andaba terriblemente mal más allá de su capacidad de comprensión. Hasta entonces, solo había llorado de la manera típica en la que llora un niño. Pero esta fue la primera vez que vio llorar a su madre, y cuando su dolor se mezcló estrechamente con el olor que provocaba arcadas al que se había acostumbrado, supo que la seguridad que siempre había sentido con su abrazo ahora estaba de alguna manera en peligro. El llanto de Mami significaba que era vulnerable, y si estaba indefensa ante un mundo cruel, entonces el bienestar de Miguelito nunca podría estar asegurado. Por primera vez en su vida, supo que la existencia daba miedo, así que se unió a ella con sus propias lágrimas.

Con sus ojos y el entendimiento de un niño pequeño, miró alrededor de la oscura y fea habitación que servía tanto de sala, comedor y dormitorio, y vio la causa de su angustia. El techo y las paredes parecían moverse, o al menos así interpretaba la realidad un niño de tres años. Mientras observaba más intensamente, se hizo evidente que el techo *en realidad* no se movía, sino que cientos, si no miles de cucarachas escalaban rápidamente por todo el techo como un cielo interior de horror que se retorcía y convulsionaba. Abajo, en una vieja mesilla de noche, incluso la estatua de la señora con los tres hombres en el bote al que su mamá le encendía una vela diaria poseía algunos pasajeros extra, quienes saludaban con sus antenas, como deseando a Miguelito y su madre una cariñosa despedida.

Los edificios de los barrios marginales de Nueva York eran conocidos por ser un refugio para todo tipo de plagas. Generaciones de inquilinos azotados por la pobreza que se remontan a finales del siglo XIX, usaban harina y agua para crear una pasta pegajosa y así pegar papel para empapelar las paredes en un vano intento de agregar belleza a una vivienda lúgubre. Cada nuevo inquilino simplemente cubría el papel existente del ocupante anterior con su propia representación estética. Pero con el tiempo, se había formado un sabroso suministro de alimentos perpetuos entre las capas generacionales de estas paredes empapeladas, asegurando el bienestar de las futuras cucarachas.

Cuando la familia De la Cruz llegó por primera vez a Estados Unidos como refugiados y se mudó a un apartamento en un barrio marginal, no parecía haber *tantas* cucarachas. Mientras las luces estaban encendidas, se escondían dentro de las paredes comestibles, esperando el momento oportuno para hacer su aparición. Desafortunadamente, al igual que los desastres naturales, las pandemias y los tumultos políticos, nunca hay un momento adecuado para que ocurra una calamidad. Los pelotones de cucarachas se despertaron de su sueño cuando Marta encendió por primera vez la estufa del apartamento. La ráfaga de calor se extendió rápidamente por sus túneles, haciéndolas salir de sus escondites y dispersándose por la habitación. Había tantas cucarachas que parecía como si el techo fuera un océano cuyas olas golpeaban las paredes contiguas. Este fragmento como recuerdo sigue siendo tan real, tan vívido que, si Miguelito cerrara los ojos unas seis décadas después, como una vieja película de 35 milímetros en blanco y negro, todavía podría ver la escena proyectada con los ojos cerrados.

Aunque bastante joven, esta imagen quedó grabada para siempre en la conciencia de Miguelito, y sin duda, probablemente será lo último que recuerde cuando se disparen las últimas descargas eléctricas en su hipocampo, mientras yace en su lecho de muerte esperando la próxima etapa de la existencia, si es que existe una siguiente etapa. Miguelito continuó preguntándose en años posteriores si esta horrible escena era incluso una experiencia que realmente provenía de sus propios recuerdos. Al fin y al cabo, la realidad y lo imaginario siempre parecen desdibujarse, fusionando y confundiendo lo que realmente ocurrió con lo que nos convencemos o creemos que ocurrió. Tal vez este vívido recuerdo no fuera más que un intenso relato de un hecho que le contó su madre, tan impactante que inconscientemente lo recogió como su propia historia.

El triunfo de la Revolución Cubana de 1959 ocurrió menos de tres meses después del nacimiento de Miguelito. Poco después de la revolución, su padre, un policía, se convirtió en un hombre marcado. La familia De la Cruz salió de la isla con solo una maleta cada uno. Al llegar a Miami en abril de 1960, se dirigieron a una gélida ciudad de Nueva York, lejos del calor del Caribe, pero donde, no obstante, había trabajo; trabajos que necesitaban sus padres si esperaban sobrevivir en una nueva tierra inhóspita. En Nueva York descubrieron barrios marginales tercermundistas que contrastaban con vecindarios propios del "Primer mundo". La pobreza de Global South existía para ellos en 428 West 56 Street, apartamento 4-B, un edificio de inquilinos construido el año en que comenzó el siglo XX, a solo dos bloques de los muelles de Hell's Kitchen. Esto fue antes de que Hell's Kitchen se convirtiera en el barrio de moda que es hoy. Tres años antes de que la familia De la Cruz se mudara al edificio, Larry Kent y Carol Lawrence fueron fotografiados cerca para la icónica portada del nuevo musical de Leonard Bernstein, "West Side Story".

Miguelito aprendió a contar en la vieja y desvencijada escalera de entrada y salida de su apartamento en el cuarto piso. Con cada paso que daba para subir o bajar contaba con orgullo un número en español, aunque no necesariamente en orden cronológico: *"Uno, dos, tres, cinco, nueve, ocho, diez"*. El antiguo edificio con su fachada centenaria sigue hoy en pie, con el interior completamente remodelado y actualizado en 1989. Pero en 1960, esta era una de las muchas "casas" infestadas de ratas y cucarachas destinadas a los residentes más marginados de la ciudad. Solo había un baño por planta de vivienda para compartir con los habitantes del resto de dicha planta. Las condiciones eran tan insalubres que los padres de Miguelito lo hicieron orinar en una vieja lata de galletas en su apartamento en lugar de usar el único baño existente. También era más seguro, porque la mayoría de sus "vecinos" eran proxenetas, trabajadores sexuales y drogadictos, que vivían en sus propias "celdas" de una sola habitación. Con el tiempo, otras familias inmigrantes latinas listas para servir como soldados descontentos en el ejército de trabajadores de reserva del capitalismo, llegaron a está insensible y gélida ciudad. Se mudaron al vecindario, empujando, uno por uno, a la generación anterior de residentes inmigrantes.

En los calurosos días de verano, alguien abría la boca de incendios y las aceras sucias y agrietadas, salpicadas de colillas y apestando a excrementos de perros, que se convertían en un parque acuático mágico. Pero no había suficiente imaginación infantil que pudiera enmascarar el aire denso de desesperación que pesaba sobre todos, un olor maloliente urbano que asfixiaba a todos los que se aferraban en vano a la esperanza. Refrigeradores vacíos que dormitaban en las esquinas como los cuerpos destrozados de los desempleados y callejones llenos de jeringas usadas con vidas desperdiciadas, era lo que describía el único vecindario que los padres de Miguelito podían pagar. Los emigrantes en aquellos días no recibían ayuda del gobierno. Pasarían años antes de que se volviera ventajoso apoyar y ayudar a quienes huían del comunismo, como propaganda de la Guerra Fría. Por ahora, estar entre la primera ola de cubanos que llegaron a las costas de la ciudad de Nueva York significaba que no había ayuda, solo la amabilidad aleatoria de los extraños.

La familia De la Cruz estuvo recluida en estos barrios marginales durante unos tres años. En este día en particular, el momento más temprano de la vida que recuerda Miguelito, su madre estaba trabajando frenéticamente para limpiar el apartamento, tratando de ahogar el olor pútrido de las heces de los roedores con lejía. Estaban esperando invitados esa noche y, a pesar de verse obligada económicamente a vivir en condiciones sombrías, quería que todo pareciera lo más impecable y decente que fuera posible. Gastando más de lo que podían permitirse, compró un trozo de carne de cerdo para marinar en un adobo de ajo, comino, cítricos y cerveza, que se asaría durante cuatro horas en el horno aún sin usar. A pesar de la desoladora vecindad que la rodeaba, intentó, aunque solo fuera por un momento fugaz, recrear la existencia de clase media que finalmente había logrado en su viejo país. Sin embargo, cuando entró en la sala de estar poco antes de la llegada de sus invitados, todo lo que vio, a pesar de sus esfuerzos, fue un mar de parásitos por todo el techo y las paredes, burlándose de ella y recordándole que, independientemente de lo mucho que lo intentara, en este país, siempre sería una sucia "sudaca"; una cucaracha humana viviendo entre cucarachas.

Antes incluso de desarrollar la capacidad de recordar, a Miguelito se le dejó muy claro que él no pertenecía a ese país. Apenas dos meses después de emigrar a Estados Unidos, recibieron una declaración jurada oficial del gobierno fechada el 14 de junio de 1960, documento que ni él ni sus padres podían leer. Marta y Manuel recibirían sus propias cartas individualizadas. Estas correspondencias fueron mecanografiadas en papel cebolla muy delgado con el encabezado: "Departamento de Justicia de Estados Unidos, Servicio de Inmigración y Naturalización". Mientras Miguelito casi siempre balbuceaba, Marta y Manuel se inquietaron. *"¿Qué es esto?"* se siguieron preguntando durante toda la noche de insomnio, llenos de pavor acerca de lo que estas cartas podrían significar. Una vez que encontraron un traductor unos días después, descubrieron la aterradora noticia. *"¿Qué vamos a hacer?"* Se les estaba notificando que se habían superado sus visados como turistas. Con el número de caso asignado A12 051 881, a Miguelito, que no tenía sentido del tiempo, se le informó que había entrado al país unos meses antes, el 1 de abril, y había permanecido más allá del 30 de abril, después de que expirase su visado de turista, sin la debida autorización. Citando la Sección 242 de la Ley de Inmigración y Nacionalidad, las cartas informaban a Miguelito y sus padres que, a menos que pudieran demostrar una causa justa de por qué no debían ser deportados de inmediato, tendrían que abandonar el país inmediatamente.

Si este evento hubiera tenido lugar en 2020 en lugar de 1960, probablemente no habría habido ninguna carta. Los agentes del ICE con uniforme militar habrían irrumpido en la puerta a primera hora de la mañana para dar la noticia en persona. Tan malos como fueron los sentimientos anti-latinos durante la década de 1960, el odio por el inmigrante solo ha empeorado a medida que las administraciones conservadoras y liberales han implementado tácticas gubernamentales más sádicas. En lugar de una solicitud para comparecer voluntariamente ante un magistrado, la familia De la Cruz habría sido deportada con esposas. Miguelito, sin duda, habría sido arrancado de los brazos de su madre y encerrado en una jaula junto a tantos otros niños "indeseables" que llegaron a la frontera. Y no importaría que tuviera un color de piel más claro que los otros niños; las cicatrices emocionales que se habrían grabado de por vida en su cabeza habrían sido igual de condenatorias. Qué irónico, que durante la era de Jim y Jane Crow, donde la discriminación y la violencia eran la norma, la idea de niños pequeños tras las rejas era un acto abominable incluso entre los racistas. Ahora, se ha normalizado y legitimado.

Afortunadamente, Miguelito no era un niño indocumentado en 2020 cuando las leyes de inmigración se volvieron más rencorosas. En lugar de la expatriación forzosa, se ordenó a la familia De la Cruz que abandonara el país voluntariamente. En lugar de irse, se mudaron a toda prisa, de los barrios bajos a un gueto negro buscando vivir todavía en las sombras hasta que pudieran obtener la inalcanzable tarjeta de residencia. Además de vivir con el miedo a la deportación, el padre de Miguelito tuvo que vivir con la indignidad de ser abusado por patrones que le pagaban extraoficialmente. Uno de los trabajos que obtuvo Manuel fue trabajar en la Exposición Mundial de 1964/65 que se llevó a cabo en Flushing Meadow. Fue contratado para lavar platos en uno de los 110 restaurantes de la feria, limpiando y fregando hasta altas horas de la madrugada. Y como el sueldo no era suficiente para alimentar a su familia; Manuel ampliaba sus ingresos limpiando las fuentes. Cuando nadie vigilaba durante las primeras horas de la mañana antes de que se abrieran las puertas, él y otros lavaplatos latinos hacían realidad su objetivo de alimentar a su familia recogiendo las monedas arrojadas por los turistas que pedían deseos.

El documento vinculante de deportación legal que recibió y la humillación que soportó su padre por tener que vivir de las sobras, le demostraron a Miguelito cómo los blancos, incluidos los niños de la escuela que eventualmente lo perseguirían y aterrorizarían, lo veían constantemente como una "cosa" y no como un "alguien", un ser que existía fuera de la ley y el orden. Antes de que Miguelito alcanzara conciencia de sí mismo, ya había sido definido en la imaginación anglosajona como no perteneciente a esa sociedad, una imposición generada por la generosidad de una alabada nación filantrópica.

Durante casi dos años, el pequeño Miguelito viviría como un *ilegal,* como si cualquier ser humano pudiera ser ilegal ante los ojos de Dios. Inconscientes de estar relegados a las sombras de los barrios marginales y los guetos, el hambre y la pobreza fueron simplemente aceptadas como la norma habitual. Su familia no saldría de estos ocultos proyectos de vergüenza hasta el 2 de diciembre de 1961, cuando Fidel se encontró bajo la amenaza económica del poder hegemónico del norte. Después de que su régimen nacionalizó las refinerías de petróleo de propiedad estadounidense sin compensación, Estados Unidos tomó represalias imponiendo un embargo a la isla en octubre de 1960. Estaba destinado a durar unos años para presionar y subyugar a un pueblo orgulloso. Seis décadas después, lo único que lograría el embargo sería hacer aún más difícil la vida desafiante de los cubanos en la isla. Se necesitaba desesperadamente ayuda financiera para que la revolución de Castro sobreviviera.

Aunque la ayuda económica soviética comenzó el 13 de febrero de 1960 con la compra de 425.000 toneladas de azúcar, este apoyo no fue suficiente para mantener a flote la economía frente a la agresión económica estadounidense. Irónicamente, ahora sería más rentable para la revolución convertirse en comunista. Durante un discurso televisivo el 2 de diciembre, Fidel declaró: "Soy marxista-leninista y lo seré hasta el final de mi vida". Con menos de quince palabras, la supervivencia económica y política de la revolución estaba asegurada. David, con la ayuda de los soviéticos, se enfrentó a Goliat, con su honda convirtiéndose en misiles nucleares balísticos de alcance medio e intermedio. Originalmente no aceptados en EE. UU., ahora la familia De la Cruz se volvió un apoyo político conveniente para el teatro de la Guerra Fría, peones con valor propagandístico. Perdiendo la arrogancia en su propio jardín, el Tío Sam necesitaba frenéticamente imágenes poderosas de cubanos que buscaban la libertad para reescribir la historia. Manuel, el lacayo de una brutal dictadura se transformó de la noche a la mañana en un patriota amante de la libertad que buscaba respirar el aire fresco de la liberación y la democracia que solo se encontraba en los Estados Unidos. ¿Qué país temeroso de Dios enviaría a sus compañeros exiliados *en la lucha* contra los males del comunismo, de regreso al gulag de la isla atea? Los cubanos eran ahora recibidos con los brazos abiertos. Incluso finalmente lograron la inalcanzable tarjeta de residencia.

Finalmente, la mamá de Miguelito abandonó a su padre (la primera de muchas veces) y se mudó "más arriba" a un vecindario negro de bajos ingresos, al otro lado de la autopista del aeropuerto LaGuardia en East Elmhurst Queens en la 23rd Avenue. Los dos vivían en el ático de una vieja casa de madera de tres pisos sin calefacción propiedad de una madre soltera afro-nuyorriqueña. Las ratas y las cucarachas también los esperaban en su nuevo hogar, pero afortunadamente, ¡no tantas como las que se encontraron en los barrios marginales! Después de que sus padres volvieran a vivir juntos de nuevo, cuando Miguelito tenía alrededor de seis años, todos se mudaron a un barrio obrero italiano/irlandés llamado Jackson Heights, y sí, las ratas y las cucarachas continuaron siendo sus compañeros de hogar. Ambos padres trabajaron en varios empleos durante décadas solo para alcanzar el nivel económico de los blancos pobres, lo que obligó a Miguelito a ser un niño de "llavero con llave" décadas antes de que el término se volviera popular entre los blancos. No importa lo mucho que sus padres trataron de protegerlo de la penuria, no tuvieron éxito. La televisión le recordaba siempre que, simplemente, no pertenecía a esta sociedad, ni lo haría nunca.

Al ver *"Leave it to Beaver"* y comparar a June Cleaver con su madre demostró que algo iba terriblemente mal en su *familia*. Las imágenes en la pequeña pantalla en blanco y negro no eran lo que él estaba viviendo, y eso le llevó a la única conclusión razonable, que su *familia* y su *gente*, era de alguna manera defectuosa, de clase baja, inferior. ¿De qué otra manera podría explicar su pobreza y privación de derechos? Horas y horas de televisión, día tras día, reforzaron esta idea. Él, como persona, era claramente deficiente porque no vivía como los niños de los programas de televisión. Su cuerpo latino no se parecía al de ellos. Sus padres no actuaban ni vestían como las personas en las reposiciones de *"Leave it to Beaver"*. La familia ficticia Cleaver eran verdaderos "estadounidenses", los De la Cruz no lo eran, eran impostores, ni siquiera podían hablar el idioma. A menudo sentía vergüenza por la incapacidad de sus padres para dominar el inglés mientras luchaban por sacar adelante la vida familiar en un nuevo país y dentro de un nuevo entorno cultural. "Dile a tus padres", afirmaba el vendedor de automóviles usados con el traje mal ajustado y los dientes amarillos, "que personalmente me aseguraré de que nada salga mal con este fantástico Chevy del 51. Confía en mí, nada saldrá mal". Cada vez que interactuaban con la sociedad, Miguelito se veía obligado a servir de intérprete, como si ahora fuera el padre. Tendría que traducir las malas noticias pronunciadas por los propietarios, las fuerzas del orden y los funcionarios del gobierno. La condescendencia hacia sus padres expresada en las voces de los conserjes blancos no necesitaba traducción, un desdén que contagió al traductor que quería ser como ellos.

Sí, a veces traducía mal a propósito su vulgaridad para aminorar el golpe, para proteger de alguna manera a sus padres. Sus vanos intentos de ser su escudo contra un mundo anglosajón solo lograron mayores malentendidos y dificultades. Cada vez que no traducía correctamente términos legales o conceptos financieros complejos, algo que sucedía con frecuencia, sus padres sufrían. Se convirtieron en presa más fácil para los estafadores y vendedores ambulantes. Al enterarse de que se aprovechaban de ellos, dirigían su ira al niño por sus pobres habilidades de traducción. Aún sin cumplir los siete años, Miguelito cargó con la vergüenza y la culpa por la incapacidad de *la familia* para avanzar y tener éxito en un mundo nuevo. "¿Por qué no podían simplemente aprender el idioma? ¿Tan difícil era?" solía pensar Miguelito: "Al fin y al cabo yo lo he aprendido, aunque me obligaran a repetir el primer grado". Fue humillado por ellos y por la cultura que representaban. Quería ser blanco. Haber nacido con cabello rubio y ojos azules, reflexionaba a menudo, mientras el desprecio hacia sí mismo y el odio étnico hacia uno mismo echaba raíces.

La familia De la Cruz finalmente se mudó a un bloque más al oeste de Junction Boulevard en la 35th Avenue. Esto fue más de una década antes de que se implementara la Ley Pooper Scooper, por lo que era todo un reto caminar por las aceras y no pisar los excrementos de los perros. Allí, Manuel, quien una vez había sido un duro policía en Cuba, obtuvo el típico trabajo latino de superintendente de un edificio de viviendas de seis pisos. El primer trabajo de Miguelito, a los ocho años, fue fregar el suelo del edificio con una fregona más alta que él, sacar la basura quemada del incinerador dos veces por semana para la recogida quincenal de la basura y limpiar las aceras de nieve durante el invierno, todo por $5 a la semana. "Necesita aprender el valor de un dólar", le decía su padre a los inquilinos del edificio que se sorprendían al ver a un niño haciendo un trabajo duro". Después de dos años, ahorró suficiente dinero para comprarse un pequeño televisor portátil en blanco y negro al que ahora estaría pegado todo el día, recordándole constantemente que era un forastero perpetuo. La familia De la Cruz fue de los primeros latinos en ese bloque. Definitivamente, Miguelito fue el primer latino en inscribirse en Santísimo Sacramento, una escuela primaria católica, lo que lo obligó a usar corbata azul marino con las iniciales de la escuela bordadas en oro: B.S.(por sus siglas en inglés).

Durante el día era un católico que rezaba el rosario a diario, pero por la noche hacía un homenaje a su *orisha* Elleguá. Durante este periodo Marta y Manuel se convirtieron en sacerdote y sacerdotisa de la Santería. Mientras en la isla rechazaron la religión como algo *para los negros*, en el exilio se convirtió en una forma de pertenencia. La Iglesia Católica Irlandesa al final de la calle era simplemente poco acogedora para los latinos. Como muchos cubanos, encontraron más que espiritualidad dentro de la Santería, encontraron una comunidad entre otros cubanos desplazados. Esta tradición de fe, basada originalmente en la espiritualidad de la separación violenta del pueblo yoruba de su tierra natal, de su cultura y de todo lo que les daba sentido, fue reconfortante para la pareja De la Cruz que ahora luchaba con su propio exilio. Esos primeros africanos buscaron sobrevivir en una isla hostil a sus *orisha*s ocultando sus dioses detrás de una fina capa de catolicismo medieval. Esto explica por qué el pequeño apartamento de Marta y Manuel en Jackson Heights estaba tan repleto de estatuas de santos católicos, la envidia de la Iglesia del Santísimo Sacramento que se encontraba al final de la calle.

Marta y Manuel le inculcarían a su hijo que los rituales que realizaban por la noche eran un misterio que mejor se guardaba en secreto. Una esteticista analfabeta y un superintendente sin educación en turno de día fueron elegidos por los *orishas* para ayudar a procesar los misterios del universo y compartirlos con el mundo humano. La sociedad anglosajona ignoró y descartó a estos dos latinos como lo hacen los niños, eran una carga para el cuerpo político, una piedra rechazada; pero en el esquema universal, fueron exaltados muy por encima de los privilegiados de tez blanca porque poseían *el conocimiento*. Fueron encargados sobrenaturalmente de restaurar la armonía restableciendo un equilibrio de *ashé* entre lo espiritual y lo material, llevando al que viene a curarse a un estado completo de plenitud. Le dijeron a Miguelito que si revelaba a los sacerdotes y monjas irlandeses de la escuela católica a la que asistía cómo desde su apartamento se sacrificaban pollos vivos a los *orishas* de vez en cuando, se rebelarían y confundirían, sin entender cómo Dios trabaja realmente. Además, si descubrían que los padres de Miguelito tenían *el conocimiento*, el niño podría ser expulsado de la escuela. "Pero ¿qué somos? ¿No somos católicos? Miguelito les preguntaba a sus padres. "Somos católicos apostólicos romanos, pero creemos a nuestra manera", respondían sus padres. "La gente no entenderá que el *ashé* fluye a través de todas las religiones", le aseguraron sus padres al niño.

El barrio donde vivía la familia De la Cruz era, cuanto menos, duro. Los compañeros de clase irlandeses e italianos se turnaban para golpear a Miguelito después de la escuela, varias veces al mes. Incluso de adulto, cargó con esas heridas, tanto emocional como físicamente. Hay una cicatriz sobre su ojo derecho de una paliza particularmente brutal en la que le superaban tres a uno; y una desfiguración verdosa en la parte superior del muslo derecho (el niño irlandés apuntaba más alto) donde lo apuñalaron con un lápiz muy afilado (la punta se rompió y aún es visible debajo de la piel). El cuerpo adulto de Miguelito continuaría con las cicatrices de la violencia infantil. Para sobrevivir, tuvo que aprender que era mejor ser el primero en lanzar un puñetazo. El pacifismo rara vez es una estrategia de éxito en el patio de la escuela donde jugaban los niños de la desesperación.

Confesión de Miguelito

Relegado la mayor parte de su vida temprana a la suciedad, la violencia y la pobreza, no por el tono de su piel sino por su origen étnico, hizo que su mente fuera susceptible al atractivo de la tez blanca. Creció sintiendo vergüenza cada vez que se relacionaba con anglosajones, sentimientos internalizados a medida que aprendió a verse a sí mismo a través de los ojos de aquellos que buscaban mantenerlo al margen; independientemente de cuánto trató de asimilarlo. Incluso cuando asistía a la universidad y era un hombre joven de negocios con éxito, todavía sentía vergüenza por sus humildes comienzos, vergüenza por ser latino. Carecía del capital social que viene con el privilegio económico que podría haberlo llevado a sentirse más cómodo en las reuniones públicas. Es posible que algún día se convierta en un autor académico y profesor titular reconocido internacionalmente; pero allí nunca será suficiente. Mientras los colegas recitaban su pedigrí académico, nombrando las escuelas de la Ivy League en las que obtuvieron sus diplomas, siempre era angustiante confesar que era un producto del Miami-Dade Community College, que era todo lo que podía pagar, trabajando a tiempo completo para pagar su propia matrícula, llevándole cuatro años finalizar un Grado de Asociado de Artes en lugar de dos. No importaba cuántas iniciales académicas reuniría delante de su nombre o cuántos libros innovadores escribiría al final. Sacudirse el síndrome del impostor enraizado en una vida que ha conocido más necesidades de las que nunca admitiría, siguió contribuyendo a la camisa de fuerza de la vergüenza que su mente insistía en utilizar.

Quizá Miguelito debería haberlo entendido mejor una vez que llegó a la edad adulta, pero en realidad siguió viviendo bajo la tiranía de sus recuerdos encargados de aceptar una falsa identidad impuesta por quienes lo definen como sucio e inferior. Esas preocupaciones lo persiguen. Siempre sería el niño pequeño atrapado y asustado que no pertenece, relegado a la miseria, avergonzado de no ser lo suficientemente blanco, creyendo que merece vivir entre ratas y cucarachas. Sigue siendo el joven condenado a buscar la aceptación de una sociedad que confunde la superioridad tecnológica y militar con la cultural o intelectual. Y ahora, incluso cuando se encuentra más allá de su juventud, se enfrenta a una lucha a muerte para liberar una mente tan aprisionada que rara vez se da cuenta de su propia complicidad con la opresión. Ratas y cucarachas, para siempre.

En el principio

Antes de que existiera el tiempo, existía el *ashé*. El *ashé* fue, es y será siempre la esencia de Olodumare quien posee muchos avatares. Debido a que el *ashé* fluye por todo el mundo, tiene formas diversas dentro de diferentes culturas. Los musulmanes reconocen a Olodumare como Alá, los hebreos lo llaman Yahvé, los cristianos lo adoran como Dios. Olodumare ha usado muchas máscaras a lo largo de los siglos mientras diversas culturas le rendían honor y respeto: Ba'al, Zeus, Júpiter, Odin, Brahman, Qurtzalcoati, Wakantanka, Dangun, Lac Long Quân. Poco importa si los fieles se reúnen en mezquitas, sinagogas, catedrales, bosques o campos abiertos. Menos importante aún, si incluso reconocen el poder detrás de sus apoteosis según su cultura. Ni creado ni engendrado, Olodumare es el comienzo de todas las distintas creaciones dentro de la evolución cronológica. Como creador, gobernante y juez, es inmortal, omnisciente, omnipotente, santo, profano y está más allá de la capacidad de comprensión total del mero ser humano.

Al principio, arriba, solo había cielos azules. Abajo, durante siglos, no existió nada más que fuego fundido. Con el tiempo, los vapores creados por este infierno global llenaron los cielos, formando grandes nubes brumosas. Deseando crear una nueva tierra, una que pudiera albergar vida, Olodumare convirtió las nubes en agua y extinguió los furiosos fuegos. Aquellos lugares donde las llamas ardían ferozmente se volvieron elevaciones más bajas; así, a medida que caía la lluvia, se llenaron de agua, creando los grandes océanos de hoy. Olokun estuvo entre los primeros y más poderosos *orishas* creados por Olodumare para ocupar este baldío pantanoso. No existía tierra en la que los dioses o los humanos pudieran habitar, solo agua. En las enormes grietas entre las rocas enfriadas, fuente de toda la vida en la tierra, nació el temido y venerado *orisha* Olokun. Un mundo de agua se convirtió en el dominio de este *orisha* no binario de color esmeralda cuya mitad superior era simultáneamente masculina y femenina. Su mitad inferior consistía en una enorme cola de pez, compuesta de largas escamas placoides tan mortales que solo una placa ósea era lo suficientemente afilada como para cortar un cuerpo humano por la mitad. Disfrutaban mucho nadando a través de todos los océanos, encontrándose totalmente libres, sin ataduras ni restricciones.

Un día, dentro de este mundo vacío de agua, Olokun se tumbó sobre la tierra y gritó: "¡Me duele mucho el vientre!" Tenía dolor, un dolor insoportable por un vientre tan lleno que estaba a punto de reventar. Si no nacía pronto aquello que tenía dentro, moriría, porque un cuerpo no puede confinar tanto, incluso aunque ese cuerpo perteneciera a una deidad.

Una vez que el dolor alcanzó el punto de lo insoportable, su vientre estalló en todo tipo de criaturas marinas, grandes y pequeñas. Con amoroso cuidado, como una madre osa que protege ferozmente a sus cachorros, salvaguardó su dominio de todas y cada una de las amenazas externas. No pasó mucho tiempo antes de que Olodumare se diera cuenta de que había cometido un terrible error al darle a Olokun el reinado completo de la tierra que estaba tratando de crear. Tenía que encontrar una manera de recuperar el plan que había imaginado originalmente.

Cuando Olodumare intentó corregir esta deficiencia para crear un hábitat que pudiera sustentar una nueva creación en la tierra, se encontró en constante combate con la sirena y gran serpiente marina por la dominación del planeta. "¿Cómo se atreve Olodumare a recuperar lo que se me ha otorgado originariamente?" Olokun gritó. "¡Qué egoísmo! ¡De ninguna manera! Eso no va a pasar. No va a invadir lo que me pertenece. ¡Tendrá que matarme primero!" Cada vez que Olodumare intentaba establecer un punto de apoyo, Olokun lo tragaba con agua. Frustrado por su incapacidad para vencer a Olokun, Olodumare recurrió al jefe del panteón yoruba, Obatalá, quien representa el nivel más alto de la existencia. Obatalá, el primer *orisha* en ser creado tenía un físico musculoso. Sus músculos abultados de ébano contrastaban con su cabello rizado blanco brillante y su barba larga. Siempre vestido con el dashiki más puro y blanco, brillaba mientras el sol se reflejaba intensamente en su presencia. Podría haber sido confundido con una interpretación negra del Dios de Miguel Ángel en la *Creación de Adán*.

Por aquel entonces, todos los *orishas* vivían felices en el cielo, despreocupados e indiferentes a lo que sucedía en el mundo acuático de abajo. Pero como Olodumare, Obatalá estaba triste por la ausencia de una tierra llena de vida. Por eso mismo, se dispuso a crear. Se colgó de una larga cadena de oro, forjada con los abalorios prestados de los otros *orishas*, descendiendo desde el cielo. Conseguir que los *orishas* que estaban bastante cómodos con su morada celestial le dejaran partir a regañadientes con sus adornos brillantes, no fue tarea fácil. Las promesas de satisfacción futura en forma de *ashé* ofrecidas por los devotos potenciales apenas fueron suficientes para convencerlos de separarse de su oro y comprometerse con el proyecto de la creación.

La cadena de oro se columpiaba sin control mientras el musculoso Obatalá se colgaba boca abajo, agarrándose con fuerza con las plantas de los pies, estos se lastimaron fácilmente cuando intentó estabilizarse contra el movimiento causado por el viento. De pulgada en pulgada, cargando una concha de caracol rellena de tierra y un pollo blanco de cinco dedos, descendió lentamente por la cadena. Al flotar precariamente sobre las aguas, derramó un poco de tierra suelta de la concha. Tan pronto como la tierra tocó el agua, soltó al pollo, quien inmediatamente comenzó a hacer lo que es natural para ellos, arañar la tierra derramada que se había solidificado sobre las aguas. Se fue estableciendo tierra firme dondequiera que los pedazos sueltos se esparcían por la acción de la gallina. A medida que se creaban pilas de tierra más grandes, se formaban montañas. Donde se unían los bordes más pequeños, se forjaban valles. Poco a poco, Obatalá invadió el reino de Olokun, expandiendo tierra firme sobre su dominio.

Con el tiempo, se había creado suficiente suelo sólido como para que Obatalá pudiera soltar la cadena de oro y descender con sus propios pies a *tierra firme*. La tierra firme sobre la que su pie tocó por primera vez se convirtió en el centro de la ciudad de Ilé-Ife. Olokun se enfureció cuando se dio cuenta de lo ocurrido. Instintivamente lo interpretó como una nueva amenaza de invasión sobre el agua. Furiosos, la serpiente marina y la sirena nadaron en círculos. Al principio, lentamente. Luego, a medida que aumentaba su ira, empezaron a acelerar. Nadaban cada vez más y más rápido. Cuando se hizo imposible nadar más rápido, la deidad no binaria rompió nuevas barreras. A medida que nadaban, las aguas imitaban su furia tempestuosa. Su ira y la furia del mar se unieron en una sola. Se desarrollaron y se desataron maremotos, tragándose todo a su paso hasta que su furia inundó todo el planeta como olas implacables que se estrellaban contra la tierra recién creada; seres humanos y animales, atenazados por el temor de ser arrastrados bajo las aguas, corrieron hacia la alta ceiba, encontrando refugio en sus ramas. Los seres que no subieron lo suficientemente rápido se ahogaron, convirtiéndose en ofrendas para Olokun. A medida que las aguas de la inundación crecían, clavaron sus uñas más profundamente en la corteza para levantarse unos centímetros más. Solo sobrevivieron aquellos que corrieron a las ramas más altas. El líder originario de las profundidades oceánicas estuvo a punto de preservar su reino acuático por una rabia que sólo fue superada por su vanidad; y este defecto daría como resultado su perdición.

Cuando todo parecía perdido, Obatalá tuvo una idea para contener y domar a Olokun. Conociendo su amor por las joyas, Obatalá les dio como regalo la larga cadena de oro reconociendo su victoria sobre él, la misma que utilizó para bajar del cielo. Atraídas por el brillo del metal reluciente, Olokun se dejó envolver en la cadena. Antes de reconocer que el engaño estaba en marcha, Olokun fue atado y arrojado a las profundidades del océano. Con ellas ya confinadas y seguras, las aguas de la inundación retrocedieron y la tierra volvió a emerger. Atadas en oro y fuera de la vista, enloqueciendo lentamente, pasaron siglos gimiendo y rechinando los dientes.

Todavía se les puede encontrar en el fondo del mar. Aunque encarcelada, sería un error valorar a esta poderosa *orisha* como incapaz. Continuaban siendo alimentadas con el *ashé* de todos los que se ahogan, reclamados como sacrificios para el *orisha* encarcelado. Durante el Pasaje Medio, se les mantuvo bien alimentadas. Mientras, Yemayá reclamaría los océanos como su dominio, Olokun, encadenada al fondo del océano, continuaría gobernando las profundidades. Su ira aún se puede sentir a través de los intentos de recuperar la tierra en forma de tsunamis, maremotos y mares agitados, que vuelcan barcos y provocan naufragios que ahogan a los marineros. De vez en cuando la ira de Olokun puede causar una inundación regional aquí o un diluvio allá, pero nunca más, gracias a las ataduras de oro, se puede inundar todo el planeta.

Una vez neutralizada la amenaza de Olokun, Obatalá continuó con su tarea de crear. Al supervisar la creación, hasta donde podía ver, todo lo que existía era tierra árida y seca, sin vegetación. Cavó un hoyo y plantó una nuez de palma. En cuestión de segundos, un árbol completamente maduro brotó del suelo fértil. A partir de esta palmera de dieciséis ramas ubicada en el centro de Ilé-Ife, la creación del mundo se extendió hacia el exterior. A medida que el árbol maduro arrojaba nueces de palma al suelo, instantáneamente crecían hasta la madurez, repitiendo el ciclo de reproducción hasta que bosques completos cubrieron la tierra. Uno por uno, algunos de los otros *orishas* sintieron curiosidad por esta nueva tierra que Obatalá había creado y dejaron el cielo para unirse a él. Desafortunadamente, brotó tanta vegetación que su camino para ocupar el planeta estaba bloqueado por una densa maleza primitiva. Oggún, con su poderoso machete abriría camino e iniciaría el proceso de civilización.

A medida que los *orishas* se establecieron en su nueva morada, llegó el momento de crear humanos que los adoraran, ofreciendo *ashé* en forma de sacrificios. Olodumare, quien no estaba interesado en asuntos tan triviales, se dirigió a Obatalá, encargando la tarea a este poderoso *orisha*. Comenzó moldeando humanos con barro, dejando que estas criaturas se secaran al sol, aunque originalmente no les modeló las cabezas. Al completar el diseño de sus cuerpos, Olodumare, en su manifestación terrenal como Olofi, respiró sobre ellos, dándoles vida. Por eso, la palabra yoruba para respiración, *emí*, es también la misma palabra para el alma. Sin sus cabezas, estas nuevas creaciones humanas luchaban sin rumbo fijo.

Corrigiendo su error, Obatalá se dispuso a terminar su empresa creadora formando y luego otorgando cabezas a sus criaturas; por eso es adorado como patrón de las cabezas físicas de las personas, gobernando sus pensamientos y sueños. Siempre que sus mentes están confusas o perturbadas, les proporciona lucidez y serenidad.

No crear originariamente las cabezas a los cuerpos no fue el único error cometido por Obatalá. Mientras trabajaba para formar los cuerpos humanos, Obatalá se cansó del tedioso trabajo. Brazos, piernas, torso. . . repetir . . . brazos, piernas, torso. . . repetir . . . brazos, piernas, torso. . . repetir . . . muy aburrido . . . repetir . . . tan cansado ... repetir . . . brazos, piernas, torso. . . repetir . . . tal vez un trago de vino de palma podría aliviar el tedio. . . repetir . . . tal vez otro . . .repetir . . . piernas, brazo, torso. . . repetir . . . Una copa más . . . repetir . . . torso, brazos. . . repetir. Conforme pasó el tiempo y se tomó demasiados respiros, Obatalá se emborrachó. Con sus sentidos alterados, los cuerpos que estaba creando comenzaron a presentar deformidades, lo que explica a los defensores del capacitismo por qué algunos humanos nacen con discapacidades físicas. Arrepentido por su falta de juicio una vez que estuvo sobrio, juró nunca volver a beber alcohol. Como penitencia, se comprometió a convertirse en patrón de los nacidos con discapacidad. ¡Ay de aquellos que abusan de los discapacitados, porque el más poderoso de todos los *orishas* los defiende y protege!

Después del nacimiento de la humanidad, Obatalá asumió el avatar de Ayáguna, y otro avatar, Yemmu, por esposa, construyendo una choza en una gran extensión de tierra donde cultivaba batatas. Crear es agotador, incluso para un dios. ¿De qué sirve crear un mundo completamente nuevo si no puedes vivirlo y disfrutarlo, absorbiendo los aromas del bosque, conmoviéndote con el zumbido de los colibríes, sintiendo la arena de la playa entre los dedos de tus pies? Dejó a un lado la creación global porque Obatalá, ahora como Ayáguna solo quería sentir el sudor en su frente y el dolor de los brazos extendidos mientras trabajaba la tierra para producir batatas.

La creación de Obatalá dio ejemplo ya que estos nuevos humanos también comenzaron a construir chozas y cultivar granjas. Con el tiempo, Ilé-Ife se convirtió en la ciudad-estado más próspera del mundo. Allí convivieron, humanos y *orishas*, como iguales ante Olodumare. Pero la codicia es una fuerza poderosa y perturbadora. Los humanos pronto exigieron que se reconocieran sus diferencias y deseos. Algunos pidieron propiedades más grandes, otros demandaron más ganado, y otros desearon que sus cuerpos tuvieran una piel más oscura o clara. Demasiadas súplicas, muchas de las cuales eran frívolas. Al principio Obatalá ignoró sus mezquinas súplicas. Pero el goteo constante de demandas agotó su paciencia. Decidió castigarlos concediendo a cada uno sus deseos, por ridículos o injustos que fueran. Aquellos que habían suplicado por tierras o rebaños más grandes comenzaron a despreciar a los que tenían menos. Para complicar las cosas, Obatalá, enfadado, creó diferentes idiomas, dificultando la comunicación y la unidad. Pronto llegaron las sospechas y la desconfianza. Las personas comenzaron a agruparse por tono de piel e idioma, y finalmente se alejaron de Ilé-Ife en busca de nuevas tierras donde pudieran crear sociedades homogéneas. Pronto se olvidaron de los antiguos dioses y crearon otros nuevos a su propia imagen, pero los *orishas* no se sintieron amenazados en ningún momento. Simplemente vertían su *ashé* en las carcasas vacías de las nuevas deidades que estaban creando los humanos.

A medida que la humanidad se extendía por la faz de la tierra, creando nuevas culturas y sociedades, Obatalá, como Ayáguna, se asentó en la vida doméstica y más sencilla de la agricultura hasta que su tranquilidad familiar fue interrumpida por la violación de su esposa, Yemmu, por parte de Oggún. Después de dejar que Oggún eligiera su propio castigo y desterrar a su hermano menor, Changó, a vivir en la cima de las palmeras con Dadá, maldijo al próximo niño que saliera del vientre de Yemmu jurando que lo enterraría vivo. Ayáguna no realizó directamente este acto, sino que ordenó a su hijo Elleguá que lo hiciera poco después de que Yemmú diera a luz a Orúnla. Elleguá, el embaucador perpetuo, tomó al pie de la letra las palabras de su padre. Encontró una ceiba impregnada con su propio *orisha* y enterró a su hermano hasta el cuello junto al árbol, bajo su sombra. Con el paso de los años, los pies y las raíces se entremezclaron, lo que dificultaba determinar dónde empezaban unos y terminaban las otras. La mezcla de dos almas formó una unidad en la que, como una pareja de ancianos casados, uno siempre podía terminar el pensamiento del otro. Allí se quedó Orúnla para siempre, aprendiendo los secretos de la adivinación de la ceiba. Pronto, sus habilidades como adivino se hicieron notorias y su fama se extendió por todo el país. La gente viajaba durante días para que Orúnla les revelara su destino. A cambio de sus servicios, alimentaban y cuidaban al *orisha* inmóvil enterrado.

Mientras tanto, Ayáguna, ahora nuevamente como Obatalá, prosiguió con sus asuntos cotidianos, dando por sentado que Elleguá había cumplido fielmente sus órdenes. Con el paso de los años, y suponiendo que Orúnla estaba muerto, comenzó a sentir un tremendo remordimiento y pesar por la maldición que había hecho debido a un ataque de ira. Al enterarse de tales remordimientos, Elleguá decidió que era hora de liberar a su hermano menor. *"Baba-mí"*, dijo un día el astuto Elleguá acercándose a su padre. "Ven conmigo porque tengo algo que mostrarte que te va a levantar el ánimo". Llevando a su padre a la ceiba, Elleguá le mostró a su hermano, ahora un joven, que estaba perfectamente vivo, aunque enterrado hasta el cuello. Obatalá se llenó de alegría y perdonó a Orúnla, aunque debía haber sido al revés. Inmediatamente lo liberó de su tumba después de tantos años de prisión. Al ver a su hijo emerger desnudo de la tierra, su padre rápidamente lo vistió con un dashiki verde y amarillo que le cubría todo el cuerpo. Pero después de pasar toda la vida junto a la ceiba, que lo había servido y criado como una madre, a Orúnla le resultó difícil dejarla. Sensible a la ansiedad por la separación de Orúnla, Obatalá cortó el árbol y de él hizo una bandeja redonda de madera sobre la cual Orúnla podría determinar para siempre los destinos de las personas.

El propósito de la adivinación no es necesariamente predecir el futuro, aunque es muy capaz de hacerlo. Su propósito es indagar sobre la armonía, o falta de ella, que existe entre un individuo y el mundo espiritual para que éste pueda encontrar una vida más plena y significativa al alinearse mejor con su destino. Los santeros como Marta y Manuel seguían los pasos de Orúnla cada vez que lanzaban dieciséis conchas de cauri sobre un tablero de adivinación, empleando su *conocimiento* para ayudar a las personas a recuperar el equilibrio con su destino. Al discernir los oráculos, se convirtieron en el vehículo por el cual los humanos podían determinar si estaban en el camino correcto. Buscaban la guía de Orúnla para advertir contra hechizos malignos o espíritus diseñados para causar estragos en un destino, que de otro modo sería satisfactorio, o advertir cómo el propio deterioro del carácter de una persona podría crear consecuencias negativas en el futuro. Marta y Manuel podían atisbar el mañana gracias a este sistema de adivinación diseñado por Orúnla.

Todos estaban de acuerdo en que no existía un adivino más grande que este *orisha* alto y socialmente torpe, porque le había sido difícil aprender el comportamiento social desde un árbol. Pero una vez que Olodumare se dio cuenta de que alguien más se había atrevido a idear un sistema de adivinación, se burló del insolente *orisha* por su audacia. "Ya hay demasiados charlatanes," pensó Olodumare. "Solo yo puedo predecir si el futuro de un ser humano en particular está en armonía con su destino predeterminado". Aun así, la reputación de Orúnla como maestro adivino siguió creciendo y extendiéndose. Sintiéndose amenazado, Olodumare decidió poner fin a estos pronósticos de locos e ideó un complot fingiendo haber muerto. Cuando Orúnla viniera a presentar sus últimos respetos, Olodumare pensó en mostrar cómo las adivinaciones de Orunlá eran erróneas. Pero Elleguá, a quien generalmente se le podía encontrar escondido detrás de las puertas, escuchó el plan de Olodumare y rápidamente advirtió a su hermano menor de la trampa. El día en que Orúnla iba a ir a presentar sus últimos respetos al supuestamente difunto Olodumare, en cambio, proclamó que Olodumare estaba vivo, descubriendo así el plan. Impresionado, Olodumare se disculpó, aceptando el dominio de la adivinación de Orúnla, y lo convirtió en el guardián de todos los secretos de la existencia al permitirle ser el único *orisha* presente cuando cada *ori* individual, la conciencia humana incorpórea, recibía su destino.

La adivinación es importante si los humanos desean tener una vida floreciente. La muerte tiene un nombre: Ikú. Dispone de la vida, y si uno cree que esto es cierto o no, no importa. La tarjeta de baile nunca está llena cuando se trata de Ikú; porque todos al final danzarán en sus brazos y sentirán el frío helado de un abrazo indeseado. Acecha en el cementerio, donde mora bajo la jurisdicción del *orisha* Oyá que está a cargo de las puertas del cementerio. Todos los humanos tienen un número fijo de días antes de que deban regresar, a través de Ikú, a la fuente de toda vida. Sean ricos o pobres, valientes o cobardes, amados o despreciados, todos deben caminar por diversos caminos donde, sin embargo, conducen su cuerpo al mismo destino ineludible: convertirse en alimento para los gusanos. Por mucho que uno desee evitar, ignorar o posponer lo inevitable, la muerte nos guía hacia un abrazo inexorable. Algunos mueren antes de tiempo, yaciendo solos en una cama luchando por recordar lo que es mejor dejar en el olvido. Otros deben exorcizar recuerdos inolvidables antes de poder descansar en paz.

Si una persona se enfrenta a la muerte antes de su hora, la atención de Ikú puede distraerse, brindándole la oportunidad de ver otro amanecer. Pero mientras que el encuentro de uno con Ikú puede ocurrir antes de la fecha predeterminada, nunca podrá sobrepasar el tiempo marcado para el aliento final. El suicidio, la retribución de un *orisha*, maleficio o maldición lanzada por un enemigo, accidentes para saciar la sed de Oggún o el acoso de un espíritu problemático, todo esto puede reducir el número de días destinados a la vida. Y aquellos que mueren antes de su tiempo asignado, permanecen en la tierra como espíritus errantes hasta que llega su fecha de vencimiento original, mientras que aquellos que viven todo el tiempo asignado se enfrentan inmediatamente al juicio por haber cumplido o no con su destino determinado. Por eso los oráculos de Orúnla son tan importantes, advirtiendo del peligro inminente y buscando restaurar la armonía para que uno pueda cumplir con lo que se espera de éste durante su tiempo asignado en la tierra.

En el comienzo de un tiempo ilusorio, antes de que naciera la humanidad, cada *ori* se postró en humilde sumisión ante Olodumare, el donante y autor de los destinos, para negociar cuál sería su destino asignado una vez que se materializaran. Cada *ori* recibió su destino específico, diseñado para desarrollarse a través de las múltiples vidas que dicho *ori* experimentaría. El acto de descubrir el destino originalmente negociado se revela a los fieles que acuden a Marta y Manuel por medio, como Orúnla, de lanzar las conchas de cauri. Una vez que se desenmascara su futuro, pueden reajustar su vida actual con lo que estaba predeterminado. Solo la armonía con el destino asignado puede traer salud y riqueza.

La presencia de Orúnla cuando cada *ori* recibió su destino le permite al *orisha* conocer con precisión su destino y, por lo tanto, puede indicar lo que es mejor para cualquier individuo en particular. Y aunque estos destinos están predestinados, no están determinados. Las personas mantienen su libre voluntad para impulsar su potencial viviendo en armonía con su destino, o eligiendo ignorarlo, sin alcanzar nunca la plenitud de su vida. Los destinos siempre se pueden cambiar apelando a los *orishas*. Los destinos felices se pueden salvaguardar y los infelices se pueden rectificar consultando a Orúnla que conoce el destino asignado a cada uno.

Cuando una persona muere, su *ori*, su cabeza, como espíritu o alma, se encuentra ante Olodumare, quien invoca al espíritu guardián del individuo, el *eleda*, para dar testimonio. Este *eleda* proporciona la trayectoria que atestigua la lealtad de los difuntos, ahora como *egun*, al espíritu de los antepasados muertos. ¿Cumplió el *egun* su destino manteniendo los rituales de la religión y guardando en secreto los misterios de la fe? Después de escuchar los testimonios, Olodumare y Orúnla dictan sentencia. Si el *egun* no cumplió, se reencarnará en el cuerpo de una nueva vida humana, regresando a la misma línea familiar. Un padre se convierte, por ejemplo, en nieto. ¡Ay de la mujer estéril, porque la sociedad la culpará injustamente de impedir el regreso de los antepasados! Solo regresando se puede brindar una oportunidad de nuevo para complacer a los *orishas* a través de esta nueva vida. El proceso de reencarnación continúa múltiples veces hasta que el *egun* logra la lealtad completa con su destino, es decir, llega a la perfecta armonía entre su *ori* y el destino original negociado con Olodumare en el momento del primer nacimiento. No hay ningún estigma asociado con la reencarnación, ya que es un acontecimiento de júbilo que significa otra oportunidad para dirigir la vida a su destino correcto. La única vergüenza es rechazar la armonía y elegir vivir una vida egoísta, negándose a evolucionar para convertirse en una persona plenamente realizada.

El sabio Orúnla era capaz, probablemente, de determinar qué era lo mejor para los humanos, pero cuando se trataba de sí mismo, sobre todo a la hora de tratar con mujeres, se encontraba muy lejos de sus otras destrezas. Como era de esperar, enterrado hasta el cuello durante tantos años, significaba que Orúnla no tenía experiencia en lo que a mujeres se refería. Una vez que pudo caminar y disfrutar del mundo, Orúnla se enamoró profundamente de la reina mayor del mar, Yemayá, a quien le gustaba la potencia de los cuerpos masculinos más jóvenes y duros. Se enamoró perdidamente de ella. Yemayá le enseñó pacientemente al *orisha* más joven cómo satisfacer a una mujer madura. Juntos formaron una unión feliz viviendo en armonía matrimonial. Habitualmente, después de horas de hacer el amor apasionadamente, mientras intentaban recuperar el aliento acostados en la oscuridad de su cama empapada de sudor, ella le susurraba al oído: "*Mi amor, ¿cómo puedes ver realmente el futuro?*" Pero a pesar de lo persistente que era, Orúnla simplemente ignoraba sus molestas preguntas. "Solo los hombres", pensó para sí mismo, "tienen la capacidad de ver el mañana. Este don no está destinado y nunca podrá ser para las mujeres".

Un día, mientras Orúnla estaba fuera atendiendo las necesidades de algunos de sus devotos, Yemayá rebuscó en sus notas donde descubrió los secretos de sus habilidades de adivinación y decidió empezar a ejercerlos. Pronto se corrió la voz sobre su dominio en el campo de la adivinación. Algunos incluso afirmaron que era mejor adivina que el propio Orúnla. Cuando el joven, pero muy sabio *orisha* finalmente regresó a casa meses después, se sorprendió al encontrar una larga fila de extraños que llegaban hasta su casa, descubriendo que todas estas personas habían venido para que Yemayá, no él, adivinara su futuro. Le sorprendió que una mujer se hubiera vuelto más popular que él. "¿Por qué mi amor me ha traicionado así?", pensó Orúnla. "Mi amada ceiba nunca me hubiera traicionado. Siempre fue fiel a mí, aceptándome incondicionalmente. ¿Quizás los árboles son preferibles a las mujeres? ¿Quizás es mejor permanecer anclado en la realidad de la tierra que vivir en un mundo etéreo de emociones como el amor? Debido a que los años enterrados por la ceiba le enseñaron paciencia y autocontrol, pudo controlar su ira. No creó una tormenta como Changó, ni estalló en cólera como Oggún. El reservado *orisha* terminó silenciosamente su relación y la envió de regreso sola a su dominio acuático. No puede haber matrimonio una vez que se pierde el respeto mutuo y se rompen los lazos de confianza. Yemayá suplicó perdón, prometiendo nunca más adivinar el futuro de nadie, pero su súplica no provocó ninguna diferencia. Como ya no era el maestro de los secretos de la adivinación, ideó un nuevo oráculo que abandonó las conchas de cauri. *El conocimiento* de la tabla de *Ifá* estaría reservado solo para sus sacerdotes a quienes les enseñaría a leer. Solo serían hombres, *babalawos*, para asegurarse de que ninguna mujer volviera a tener acceso a sus secretos. Este nuevo sistema de adivinación se volvió tan superior que incluso Yemayá, en ocasiones, solicitó los talentos de su exesposo.

Durante siglos los *orishas* habitaron la tierra. Sacaron adelante una tierra llena de vida, una tarea cumplida mediante el uso de sus instrumentos sagrados. Mientras los humanos poblaban el planeta, extendiéndose por los cuatro rincones de las lejanas tierras, los *orishas* decidieron regresar a su morada celestial. Pero antes de partir, enseñaron a aquellos humanos que se habían comprometido a ser sus devotos cómo usar los instrumentos sagrados. Aunque ya no estén, cada vez que sus hijos deseen comunicarse con ellos, pueden hacerlo empleando los mismos instrumentos con los que se colocaron los cimientos de la tierra, los mismos instrumentos que Marta y Manuel usaron para adivinar en su destartalado apartamento en Queens. A medida que los *orishas* regresaban a los cielos, uno por uno, dejaban su *ashé* incrustado en las rocas, el bosque, los arroyos, en fin, en aspectos de la tierra material y las fuerzas de la naturaleza: lluvia, vientos, inundaciones. La tierra entera sigue resonando con el *ashé* de los *orishas*, para aquellos que tienen los oídos correctos con los que escuchar.

Dr. Comemierda

La distancia entre Santísimo Sacramento y el apartamento de Miguelito era menos de media manzana. Pero cuando le perseguían se convertían en millas. No importaba lo rápido que corriera Miguelito, aferrándose a su maletín de la escuela de los años 60 lleno de libros, sabía que no sería capaz de dejar atrás a los niños más altos, más delgados y rápidos. "*Coño*", pensó para sí mismo, "¿debería matarme haciendo más ejercicio? Si no llevara tanto peso, podría correr más rápido". Su familia, que vivía en la pobreza, no entendía lo que era una nutrición adecuada, por lo que comía lo que quería cuando se trataba de chocolate y otras golosinas poco saludables. En lugar de llamarlo por su nombre, sus compañeros de clase se burlaban de él gritándole "sucio sudaca" o "barriga apestosa". No estaba seguro de lo que significaba "sudaca". ¿Era un diminutivo de español? Pero "barriga apestosa", sí lo entendía. Cierto, tenía un poco de panza, pero ¿olía mal? No podía ser porque, a diferencia de varios de sus compañeros de clase que ahora lo perseguían, se bañaba todos los días y siempre llevaba

116

una camisa limpia. Pero como los niños blancos lo decían, Miguelito asumió que tal vez sí olía, así que se frotaba con fuerza como si tratara de quitarse el "sudaca" que estaba impregnado para siempre en su piel y que causaba ese olor odioso que no podía detectar. Pero ninguna cantidad de jabón lo volvería lo suficientemente blanco. Ser latino en los EE. UU. significaba estar perpetuamente sucio, contaminado y enfermo. Esta obsesión por la limpieza lo siguió hasta la edad adulta, cuando se duchaba dos o tres veces al día y se aplicaba la colonia masculina más costosa y de moda. No podía controlar ser "sudaca", pero podía tratar de controlar cómo olía.

Como todos los "sudacas" son iguales en la imaginación blanca, la mayoría no puede o no se molesta en saber la diferencia entre un mexicano, un puertorriqueño, un dominicano o un cubano. En sus mentes todos representan una amenaza. Están todos sucios. Los abuelos de los niños irlandeses e italianos del Santísimo Sacramento que perseguían a Miguelito ese día, también habían sido considerados sucios y peligrosos durante su propia juventud a fines del siglo XIX. Como inmigrantes, los italianos e irlandeses fueron tratados como extraños y una amenaza para la seguridad nacional. Pero después de la Segunda Guerra Mundial y la aprobación del proyecto de ley GI (Ley del soldado), muchos pudieron mudarse de los suburbios del lado este inferior de Manhattan al distrito de Jackson Heights, donde compraron la blancura, junto con todas las ventajas y privilegios que conlleva. No importaba que los negros y los latinos también hubieran derramado su sangre defendiendo una democracia que los excluyó a su regreso a casa, no había ninguna ley GI esperándolos, ninguna vía para la respetabilidad blanca, ni la habrá nunca. No importa cuánto se esfuercen los latinos por integrarse siempre seguirían siendo extraños, y siempre seguirían siendo sucios "sudacas".

Curiosa la forma en que los oprimidos de antaño se convierten en los opresores de hoy. Cuando los irlandeses e italianos se volvieron blancos, adoptaron gustos blancos. Para su alivio, el odio que una vez sufrieron estaba ahora dirigido a personas cuyo tono de piel se asemejaba al color de la mierda. Aprender a temer y odiar siempre es fácil, especialmente cuando brinda acceso a privilegios que alguna vez fueron negados. Sus padres podrían temer a los sucios "sudacas", pero estos niños iban a demostrar que no tenían miedo. Y qué mejor manera de demostrar su valentía que unirse y darle una paliza al niño cubano con un poco de sobrepeso que tuvo el descaro de presentarse y asistir a su escuela.

Miguelito era demasiado joven para comprender por qué sus compañeros le tenían tanto odio. Era inútil imaginar un día en que pudieran hacerse amigos. Cambiar su nombre a Mike era la única forma que conocía de suplicar simbólicamente su perdón por su suciedad, borrar esa identidad horrible e inmunda y tratar de formar parte de esta sociedad. Desafortunadamente, no funcionó, dejándolo hoy con solo un recurso. Correr. Con valentía trató de mantenerse por delante de los siete niños que lo perseguían. Pero estaban ganando. Podía sentir cómo su presencia se iba acercando. Siempre bueno en matemáticas, calculó que lo rebasarían unos metros antes de la mitad del camino hasta la seguridad de su edificio.

Incapaz de entender la motivación psicológica de los niños que lo perseguían, él, como tantos extraños antes, internalizó sentimientos de inutilidad y alienación y redirigió la ira por la situación en la que se encontraba dentro de sí mismo. ¿Qué había hecho mal? Miguelito se preguntó mientras corría. ¿Por qué los niños le odiaban al instante? ¿Por qué era tan *comemierda*?

A pesar de cambiar su nombre, sabía que nunca podría pertenecer a este lugar y que siempre sería un extraño. "Sigue corriendo", se gritó a sí mismo, sin aliento, "no bajes la velocidad". Pero Miguelito no podía huir de una historia que recordaría hasta el día de hoy en las aceras de Jackson Heights, ni de cómo las mentes infantiles de sus compañeros fueron manipuladas por los miedos y el odio de sus padres. Solo podía huir de las constantes palizas que se vio obligado a aceptar mientras seguía tratando de obtener una educación. Por muy dolorosos que fueran los golpes, bofetadas y pellizcos de las monjas irlandesas, los golpes de sus compañeros de clase eran mucho peores, dejando cicatrices de por vida en su mente.

Años antes, unas semanas después del primer grado, tres compañeros de clase le habían dado la mano en señal de amistad después de la escuela. Cuando fue a estrechar sus manos, en su lugar lo asaltaron, dándole su primera paliza viciosa en el patio, peor que las que recibió en casa. La paliza fue tan severa que todavía lleva la cicatriz física de ese día justo debajo de la ceja derecha por la herida sangrienta que se infectó. Desde estos primeros años, aprendió a no volver a confiar nunca en los blancos. Nunca pasaba más de un mes, desde que estuvo en primero hasta octavo, que no tuviera algún tipo de encontronazo con los demás colegiales, la mayoría de ellos físicos. De vez en cuando llegaba a ganar una pelea, pero la mayoría de las veces terminaba ensangrentado. Pronto se dio cuenta que las peleas que ganaba eran aquellas en las que lanzaba el primer puñetazo. Era capaz de hacerlo por una especie de sexto sentido, como el hormigueo de Spiderman, que se activaba para advertirle de un peligro inminente.

Mientras sus pulmones ardían por falta de aire, los siete muchachos finalmente alcanzaron a Miguelito. Sintió cómo una mano le agarraba por la parte trasera del cuello, tirando de él en la dirección opuesta a la que corría. Perdiendo el equilibrio, cayó sobre la acera de cemento, rasgando una de las rodillas de los pantalones y raspándose las manos, que instintivamente extendió para amortiguar la caída. "Coño", pensó para sí, "mami me va a dar una paliza por romper los pantalones que no tienen ni un mes". Los muchachos estaban ahora encima de él, inclinados, pegándole mientras Miguelito yacía en la acera, haciendo todo lo posible para protegerse la cabeza y los testículos. Puñetazos y patadas. Patadas y puñetazos. "Sudaca". "Maricón." "Vuelve a donde viniste." "Subnormal." "Culo gordo". "Llorica". Una cacofonía de calumnias e insultos cayeron sobre Miguelito junto con los puñetazos y las patadas. El pobre niño de segundo grado trató de mirar a su alrededor mientras seguían golpeándolo, esperando, y rezando a un Dios silencioso para que algún adulto pasara, se apiadara de él e interviniera. Pero no apareció ningún salvador. El castigo duró menos de un minuto, pero sus heridas emocionales durarían mucho más. Riendo y riendo, los niños pronto se cansaron y huyeron, dejando a Miguelito acurrucado en la acera con la ropa embarrada y la cara ensangrentada, haciendo acopio de toda su fuerza de voluntad para no llorar. Las lágrimas estaban reservadas para la noche, después de que todos los demás en su casa estuvieran dormidos y no pudieran presenciar este momento de debilidad no machista.

Ocho años de abusos en manos de chicos blancos ligeramente en forma, pagaron factura. Aunque siempre sufría ansiedad cuando estaba en la escuela, aprendió a tragarse su terror. Durante esos ocho años de constantes palizas en la escuela primaria, Miguelito se motivó a ponerse en forma. Hizo ejercicio con pesas para tratar de convertir su grasa en músculo. Aunque no tuvo un éxito total, desarrolló un físico mejor. Durante el verano antes de que su familia se mudara a Miami, se marcó como objetivo dar su merecido a varios de sus torturadores de los últimos ocho años. Como el sabio y calculador *orisha* Orúnla, Miguelito se preparó para responder con fuerza a sus matones. Hay algo en ser un saco de boxeo humano durante tanto tiempo que hace que un niño sensible estalle y asuma la violencia. Esto también era así para los dioses.

Orúnla, siempre pacífico y diplomático, que había crecido enterrado hasta el cuello en la tierra, regresó a su amado bosque después de su separación de Yemayá buscando la soledad para poder lamer sus heridas emocionales y llorar en paz por el amor perdido. Pero su presencia no fue bienvenida por el señor del bosque. Osaín, que no fue concebido por dioses ni por humanos, sino que brotó de las entrañas de la tierra como una hierba, llegó a ser célebre como el señor de todos los árboles y plantas que crecen silvestres en los bosques. También es reconocido como un gran herbolario, conocedor de los secretos medicinales de cada planta. El pueblo ha llegado a depender del conocimiento de Osaín sobre las propiedades de la naturaleza para poder sobrevivir.

Cuando Orúnla se mudó al bosque, pronto se desarrolló una relación conflictiva entre los dos *orishas*. El regreso imprevisto de Orúnla se convirtió en la raíz de su hostilidad. Osaín se irritó ante la pérdida de privacidad. Un antisocial Osaín estaba indignado por el flujo constante de visitantes que vagaban por su bosque en busca de las habilidades adivinatorias de Orúnla. *"Comemierda"*, le gritó Osaín a Orúnla. "¡Regresa a donde perteneces! ¿Quién te invitó a mi dominio? No perteneces a mi reino. No eres bienvenido." Orúnla simplemente ignoró las burlas de Osaín. Pero el *orisha* mayor siguió molestando; intimidando y acosando al pobre Orúnla, que sólo buscaba paz en una nueva tierra. ""Arreglemos esto como hombres. Nombra el lugar y la hora". Pero el sensible Orúnla se negó. Esto solo enfureció más a Osaín. Un día tendió una emboscada a Orúnla que estaba desprevenido, agarrándolo por detrás y tirándolo al suelo. Luego llovieron puñetazos y patadas sobre el indefenso Orúnla que intentaba protegerse. Muy maltrecho, el *orisha* de la adivinación quedó medio inconsciente en los escalones de su nuevo hogar.

Frustrado y harto de las provocaciones de Osaín, Orúnla se acercó a su hermano Changó en busca de ayuda para acabar con la xenofobia y odio de Osaín hacia el recién llegado al bosque. "Tengo un plan", le dijo Orúnla a Changó, "pero necesito tu ayuda y la del fuego que dominas". Juntos, conjuraron un encantamiento que contenía doce antorchas con doce pedernales. Una mañana en particular, mientras Osaín rebuscaba por el bosque hierbas con las cuales infligir más daño a Orúnla como parte de su plan para mantener el acoso y lograr que el joven se fuera, el *orisha* de la adivinación comenzó, lanzando el primer puñetazo. Cuando Osaín se giró por la fuerza del golpe y trató de lanzar su propio hechizo, un destello de luz iluminó el cielo, incendiando todo el bosque, atrapando a Osaín. Pronto estuvo rodeado por muros de fuego que se iban acercando cada vez más a él. El calor y el espeso humo negro dificultaban la respiración. El miedo se apoderó del *orisha* cuando se dio cuenta de que no sobreviviría ileso.

Apenas vivo y gravemente quemado, el encuentro con el fuego desfiguró a Osaín. Con la pérdida de un ojo y el rostro casi quemado, parecía un cíclope, como si el ojo que le quedaba estuviera centrado en la frente. Perdió un brazo y una pierna, lo que lo obligó a cojear por el bosque con la ayuda de una rama de árbol torcida. Una de sus orejas se hinchó de manera inusual, se volvió demasiado grande y sorda, mientras que la otra se encogió, pero se volvió tan hipersensible al ruido que podía escuchar una hoja caer al suelo a pesar de que estuviera a millas de distancia. El desfigurado Osaín se dio cuenta de que en esta batalla continua él iba a ser el perdedor, por lo que fue más prudente poner fin a sus enfrentamientos. La lucha entre los *orishas* cesó, y se vieron forzados a aprender cómo vivir en paz. Con el tiempo, los dos *orishas* no solo hicieron las

123

paces, sino que también se volvieron inseparables. Paz a través de la fuerza, la astucia y la violencia: esta es la lección que Miguelito aprendió de Orúnla y de la vida.

Lamentablemente, Miguelito no era Orúnla. Nunca hizo las paces con sus torturadores blancos; principalmente porque no estaban dispuestos a darle la bienvenida o aceptarlo. ¿Cómo se puede encontrar la paz con aquellos cuyo ardiente deseo es tu destrucción? Mientras Miguelito se preparaba ese verano para mudarse a Miami, planeó su venganza. Discretamente, siguió a sus compañeros, localizándolos uno por uno, hasta que pudo pillarlos solos. Entonces, como un león perverso, se abalanzó sobre ellos, desatando ocho años de miedo y furia. Uno a uno les dio una buena paliza. Ocho años de abusos fueron pagados diez veces. Siguió golpeándolos una y otra vez solo para sentir más sangre pegajosa en sus puños. Sus gemidos eran catárticos mientras se alimentaba de sus sollozos de dolor. Era un regalo de despedida largamente esperado. Y, sin embargo, fue una curación vacía. La sensación momentánea de satisfacción se disipó rápidamente, dejándolo aún con cicatrices. La violencia no solo cambia al agresor, sino también a la víctima. ¿Cómo se deja de creer que la respuesta adecuada a la falta de respeto es un gancho de izquierda en lugar de las palabras? ¿Cómo se llega a ser una nueva criatura, diferente a lo que se aprendió desde la niñez? ¿Cómo un niño al que se le enseñó violencia se convierte en un hombre violento que busca ser no violento?

Todos esos años viviendo con terror no se disiparon con la venganza. Reubicarse en Miami no puso fin a la violencia. La familia De la Cruz se mudó a un vecindario de Bird Road que en ese momento era predominantemente blanco, lo que le provocó un nuevo nudo en el estómago. Miguelito podría haber intentado integrarse, pero, aun así, siempre se mantenía alerta con los otros niños blancos de su nuevo vecindario, especialmente aquellos que pretendían ser sus amigos. A medida que más y más cubanos, como su propia familia, compraron casas, la huida de los blancos proporcionó casas más asequibles para otros emigrantes. El estrés y el miedo que experimentaban estos propietarios por una raza extraña que se mudaba a la casa de al lado se manifestó nuevamente entre los compañeros de clase de Miguelito en Southwest High, hogar de los Eagles. Sus años allí estuvieron marcados por constantes tensiones y divisiones entre anglosajones y cubanos. Se encontró, sin remedio, peleando junto a otros niños cubanos. Esta vez no estaba solo.

El creciente número de niños cubanos aumentó las tensiones en la escuela secundaria que se sentía asediada por una invasión de sucios "sudacas". Sus burlas se volvieron un poco más sofisticadas. "Nada de regreso a Cuba con un "negro" debajo de cada brazo", era una frase que a menudo le gritaban a Miguelito. "¡Sudaca maloliente!" de nuevo refiriéndose a la suciedad. No solo se cuestionaba su olor corporal, sino también su inteligencia. "Debes aprender un oficio, como mecánico o carpintero", aconsejó la orientadora de su escuela. Poco importaba que sus notas en Secundaria fueran significativamente altas, o que soñase con hacer algo que sus padres nunca tuvieron la oportunidad de hacer, ir a la universidad. Pero trabajar con sus manos y no con su cerebro fue la ruta que su orientadora indicaba para su futuro.

Obviamente, ella no era Orúnla. Sin orientación sobre cómo continuar sus estudios, sin dinero para seguir una educación superior y sin conocimiento de subvenciones, becas o préstamos estudiantiles, se encogió de hombros y se inscribió en la universidad comunitaria local para asistir a clases por la noche y adelantarse al año próximo.

La sutil discriminación étnica expresada por su orientadora no fue tan sutil entre sus compañeros. En Southwest High, había territorios cubanos y territorios anglosajones. Dos escuelas secundarias segregadas coexistían en un edificio. Un vistazo rápido a su anuario de 1977 revelaba que pocos cubanos, si es que había alguno, asistían a partidos de fútbol o bailes escolares porque no eran bienvenidos. Mientras que los adolescentes anglosajones disfrutaban de una experiencia completa en la escuela secundaria, los cubanos practicaban deportes entre ellos en las calles después de la escuela y organizaban fiestas caseras. Pero incluso en espacios separados, hubo momentos en que se veían obligados a encontrarse. Y como Orúnla y Osaín, brotaban chispas que derivaba en violencia. "¡A luchar!" gritaría alguien para desencadenar las peleas entre los dos grupos. Siempre había un adolescente en cada lado que actuaba como provocador, disfrutaba de las peleas y siempre estaba dispuesto a dar el primer golpe. Sin importar de qué lado venía, o quién tenía la culpa, todos debían defender a su grupo. Si no lo hacía, se le etiquetaría a uno como un *maricón*, el último insulto en un mundo cubano hiper machista. Uno aprendía rápidamente a moverse en pandillas por "seguridad". No entrar jamás solo a un baño era la primera regla.

Miguelito hacía el papel de macho durante el día en la escuela secundaria, pero por la noche asistía a una universidad técnica comunitaria para cumplir con los requisitos legales y conseguir el título para abrir una agencia inmobiliaria. Tal vez si su orientadora académica lo hubiera guiado hacia la universidad, probablemente se habría desarrollado un camino diferente en su vida. Sin conocer nada mejor, siguió su consejo y aprendió un oficio que eventualmente lo sacaría de la pobreza. Unas semanas después de cumplir dieciocho años, hizo el examen estatal y se convirtió en el agente inmobiliario más joven del estado de Florida. Un año más tarde, después de cumplir diecinueve años y graduarse en la escuela secundaria, realizó el examen de corredor, que aprobó sin mayor problema, e inmediatamente abrió su propia compañía inmobiliaria, Championship Realty, convirtiéndose en el agente inmobiliario más joven en el estado de Florida.

Dejando de lado cosas infantiles como las peleas a puñetazos, comenzó a trabajar en el mundo de los adultos. No más peleas físicas. De ahora en adelante usaría las palabras. La lucha se convirtió en dinero. Ahora ganaba con ventas en lugar de puños. Los derechazos se convirtieron en contratos, los puñetazos se tradujeron en cierres de ventas. Como vendedor, vendió más casas que cualquier otro de los cincuenta agentes de la firma. Siempre valorado, vendía más que todos sus colegas blancos mayores y más experimentados. Como empresario, siguió expandiendo su compañía hasta que tuvo más de cien vendedores trabajando para él. A pesar de su evidente éxito en el mundo de los negocios, sus sentimientos de aprensión y miedo no se superaron tan fácilmente. Los traumas que había enterrado o descartado como recuerdos de infancia dolorosos e intrascendentes resurgían de vez en cuando.

Si hubiera estudiado psicología básica, podría haberse dado cuenta de lo que había interiorizado. Cada vez que Miguelito se encontraba rodeado de hombres blancos jóvenes y delgados, ya fuera trabajando como agente o más tarde como profesor, se encontraba con que esos viejos sentimientos resurgían. Tartamudeaba, su capacidad para hablar inglés disminuía, sus niveles de estrés se disparaban, se ponía nervioso y tenía problemas para concentrarse. Parecía compensarlo siendo extra amigable, escondiendo su miedo e ira detrás de una máscara de encanto latino ascendente. En otras ocasiones, se volvía demasiado competitivo como para probar que las acusaciones de inferioridad no eran ciertas. Tanto si luchaba como si huía, se volvió egocéntrico, desagradable, inseguro, asustado, se mostró como un *comemierda*. No tenía estas dificultades cuando se enfrentaba verbalmente a afroamericanos, asiático-americanos, indígenas, internacionales u otros latinos, solo con hombres blancos jóvenes y de complexión delgada. Ni siquiera con hombres blancos mayores, ni hombres con sobrepeso. Ni mujeres ni hombres blancos homosexuales, solo hombres blancos heterosexuales, jóvenes y de constitución delgada.

Sin importar si eran esos imbéciles en la escuela primaria, jóvenes empresarios esbeltos y "hip" o profesores liberales políticamente correctos, Miguelito recibía el mismo mensaje de todos ellos: no pertenecía a su mundo, a su club cívico, a su escuela. o en su comité, y se asegurarían de que él lo supiera y se mantuviera fuera. Esos muchachos del Santísimo Sacramento hicieron bien su trabajo, y sus golpes ya no eran necesarios porque había interiorizado el mensaje. Ya no hacían falta puñetazos; una mirada de soslayo era suficiente. Tal vez por eso, cuando estaba en entornos sociales con gente blanca, parecía un *comemierda*.

Ser un *comemierda*, asaltar los molinos de viento equivocados, parecía algo natural para Miguelito, una característica en la que las dos mujeres de su vida, su madre y su esposa, podían estar de acuerdo. Cuando le dijo por primera vez a su querida y dulce madre Marta que se había doctorado en filosofía, ella respondió afirmando que de ahora en adelante lo llamaría *doctor comemierda*. Lo que había permanecido oculto a los ojos curiosos en la vida de Miguelito, pero demasiado obvio para quienes lo conocían mejor, además de ser narcisista, también era muy obstinado, vengativo y combativo. En cada interacción en la que participaba, debía ser el mejor, el ganador, el macho alfa, un machismo literalmente transformado en un niño que alguna vez fue sensible. "*Cuidado conmigo*", alardeaba a menudo, "*porque yo como candela*". Siempre asumió que, como un expresidente, ser un imbécil se debía a que se había criado en Queens. Cualquiera que fuera la razón o la excusa para ser un *comemierda*, las consecuencias fueron contundentes, ya que siguió actuando de forma contraria a como hubiera preferido ser: gentil, amable, indulgente y amoroso. Por mucho que lo intentaba, siempre parecía retroceder a un *modus operandi* que parecía demasiado natural. Estaba condenado a estar constantemente en un modo de lucha. *¡Que comemierda!*

¡Qué viva Changó!

Cuando Ayáguna, el violento y agresivo avatar de Obatalá, descubrió la incestuosa traición cometida por su amado hijo, el primogénito y fanfarrón Oggún, su primera reacción fue culpar a la víctima de la violación, a su esposa Yemmu. Deseando imponer una angustia insufrible y un dolor insoportable, dirigió su ira hacia lo que ella más atesoraba: sus hijos.

Primero, maldijo al próximo niño que saliera de su vientre, decretando que sería enterrado vivo. Luego expulsó a su amado pequeño Changó de su hogar. Sin siquiera un momento para llevarse su juguete favorito, Changó fue enviado instantáneamente con solo unos pantalones cortos rojos y la camisa que vestía en el momento en que se pronunció la maldición. El pobre niño era demasiado pequeño para comprender completamente las consecuencias de lo que estaba a punto de sucederle. Apenas recordaba el viaje, durmiendo la mayor parte del camino. Cuando llegó a su nuevo hogar, ubicado en lo alto de las palmeras, el pequeño sintió la angustia de ser desplazado, desalojado y desorientado. La triste situación de los niños trasladados y repatriados es la misma para los *orishas* que para los humanos. Demasiado jóvenes para comprender por qué son arrojados al exilio, les crea sentimientos de abandono de por vida. Un anhelo de volver a un hogar que no se puede recordar se convierte en una picazón que nunca se puede rascar. Changó quedó psicológicamente marcado de por vida por esta experiencia, tal como lo estarían Miguelito y tantos otros niños refugiados, creciendo hasta la edad adulta luchando con la ansiedad de no pertenecer nunca a ningún sitio, de ser marginados. Changó y Miguelito sufren el rechazo tanto de la vieja cultura de dónde vienen como de la nueva cultura en la que se encuentran. Pérdida de las redes de apoyo: familias extendidas, vecinos de toda la vida, guías locales familiares, instructores y puntos de referencia, todo desapareció en un instante.

Lo que queda en la imaginación del refugiado es un Edén mitológico, un lugar etéreo donde cada elemento concebible es *mejor*, donde el cielo era más azul, el azúcar más dulce, los insectos menos molestos y la vida más rica en todos los aspectos. Otros grupos de inmigrantes en su mayoría poseían recuerdos dolorosos del viejo país, esperando con alegría una nueva tierra donde las calles estaban pavimentadas con oro (ingenuamente sin saber de qué está hecho el pavimento). Pero para aquellos arrancados de su lugar de origen, todo *en el exilio*, cuando se contrasta con lo que quedó atrás, les falta. El nuevo entorno de Changó no era lo que más se le resistía. Su antiguo entorno era lo que echaba de menos. Ansiaba físicamente volver a estar en brazos de su madre Yemmu, jugar con su hermano mayor Elleguá y el gallo Osún en la antigua granja de batatas.

Con el tiempo, los recuerdos se convertirían en fantasías nostálgicas de un lugar idílico que solo existe en su vívida imaginación. E incluso si alguna vez, en el futuro, regresara al lugar real que fue testigo de los primeros años de su vida, esa misma tierra nunca estaría a la altura de la ilusión que él mismo había creado. Changó a menudo se maravillaba de la dichosa inocencia de otros que daban por hecho volver a visitar la casa donde estaban sus recuerdos de infancia o comían mangos de los jardines que plantaron sus abuelas. ¿Cómo puede alguien definirse a sí mismo después de haber sido arrancado de la tierra que le dio su identidad? ¿Cómo podría Changó alguna vez encontrar satisfacción *aquí*, cuando *allá*, le hacían continuamente señales para que regresase? ¿Cómo podía Changó morir en paz cuando su corazón estaba enterrado en la granja de batatas de sus padres? Desde que se fue *al exilio*, dejó su tierra, su vida, su amor. Quizás nunca pueda regresar a la tierra natal, solo le quedan recuerdos fracturados sobre los cuales se recrea, un nuevo modo de recordar que olvida convenientemente la realidad.

Dadá, la diosa de los jardines y la deidad de los no nacidos, recibió la responsabilidad de cuidar a su hermano menor, Changó. Hasta el nacimiento de Dadá, los humanos tenían cabeza, pero no cerebro; sin saber por qué existían. Ella es quien les proporcionó los sentidos: ver, oír, oler, pensar, razonar. Considerada la *orisha* de la ilustración, reside en el cerebro de todos los humanos. Se unió tanto al niño que le habían encomendado cuidar que incluso adoptó sus colores, rojo y blanco. Pero mientras que los colores de Changó están separados por cada abalorio del *eleke*, el collar de cuentas que usan sus devotos, las cuentas de Dadá están dispuestas en una combinación de dos por dos. Sin embargo, por muy cariñosa y atenta que fuera con el niño, jamás podría sustituir lo que le habían quitado, lo que se había perdido.

Como la mayoría de los niños refugiados, Changó a menudo lloraba, luchando con episodios de ansiedad y desesperanza, que se manifestaban en forma de pesadillas, dolores de cabeza y de estómago. A medida que fue creciendo, mantuvo reprimido el dolor por el abandono de su madre, dejando a su paso una profunda sensación de soledad. Se culpó a sí mismo por su exilio, un rasgo común entre los expulsados de su lugar de origen. Los pensamientos de Changó lo atormentaban: "¿Qué hice mal, qué maldad hice yo para justificar este destierro? Seguramente, debí haber hecho algo para justificar que me expulsaran drásticamente de mi hogar. ¿Por qué soy tan *comemierda*? Independientemente del éxito que haya tenido en enmascarar su dolor más adelante en la vida a través del vino y las mujeres, tal trauma siempre encontraba la manera de filtrarse. En el caso de Changó, se volvió más irritable, participando en comportamientos más agresivos, especialmente hacia las mujeres. Su conducta cascarrabias lo llevó a muchos altercados físicos, peleas de bar que solo desarrollaron en él impresionantes habilidades de lucha; convirtiéndose al final en un valiente guerrero por propio derecho. Niños alienados como Changó y Miguelito, quienes nunca son completamente aceptados o respetados en su lugar de refugio, rápidamente se convierten en blanco de las crueldades de los niños locales. Una marca fácil, a menos que aprendan a lanzar el primer puñetazo. Los niños que se encuentran a merced de los xenófobos descubren que el pacifismo solo conduce a más palizas.

A medida que Changó se convirtió en un hombre atlético y musculoso agradable de ver, seguía aferrándose a una debilidad: continuó culpándose a sí mismo por su exilio, luchando por comprender o descubrir qué era lo que había causado su destierro perpetuo. ¿Qué madre podría negar su amor instintivo por el niño que dio a luz? Debió dar a luz a un monstruo. La imagen de sí mismo de Changó estaba tan herida y baja que desarrolló una elaborada máscara para ocultar el dolor del exilio y el desplazamiento. Su tentadora sonrisa en su varonil rostro velaba las lágrimas de un niño pequeño insatisfecho que siempre buscaba el camino de regreso al hogar de su imaginación, un hogar que nunca existió. Sus ojos centelleantes y soñadores enmascaraban la tristeza de haber perdido el amor de su madre. La búsqueda del cálido abrazo de su tierra natal, entremezclada con su necesidad de cariño maternal, pronto se manifestó perversamente. Primero se casó con la regia, serena y maternal Obba, instalándose en el pueblo de Oyo, con la verdadera esperanza de encontrar el amor de una mujer y la estabilidad de un hogar que le fue cruelmente negado cuando era niño. Obba tenía un alma amable y confiada, que bordeaba la ingenuidad. Pero la pobre Obba no pudo cumplir con sus expectativas poco realistas. No mucho después de su matrimonio, Changó siguió buscando formas de llenar los océanos de vacío dentro de su corazón entre las piernas de cualquier mujer o en el fondo de una botella. Un mujeriego incurable que se deleitaba en las bacanales.

Para gran disgusto de su esposa, que sufría en silencio, el gran juerguista siempre estaba listo para pasar un buen rato. Pronto, desarrolló una reputación de virilidad y pasión desenfrenada, de una lujuria descontrolada. También tenía mal genio. Cada vez que estaba enfadado, brotaba un trueno en el cielo desde su ceño fruncido y el fuego literalmente salía disparado de sus fosas nasales. Los humanos llegaron a cantar: "fuego en sus ojos, fuego en su boca, fuego en su techo, dominas el fuego como a un caballo". Llegó a representar los comportamientos extremos de la masculinidad hiper tóxica. O bien, estaba haciendo el amor apasionadamente o la guerra apasionadamente, y había poca diferencia entre los dos a los ojos de Changó.

Una noche, mientras estaba de fiesta, notó que el *orisha* Orúnla, su hermano menor, estaba sentado de mala gana en un rincón. Qué desperdicio, pensó Changó. Todos sabían que a Orúnla se le dio el don de la danza, pero a su hermano no le importaba. En cierto modo, Changó entendió su postura, pues a él mismo le habían dado el don de la adivinación que no le servía de nada cuando lo único que le importaba era divertirse y follar. Fue entonces cuando se le ocurrió, ¿por qué no intercambiamos dones? Se apresuró hacia Orúnla con su proposición. Mientras Changó hablaba, el semblante de Orúnla se levantó, ya que él, como la mayoría, siempre había deseado la capacidad de discernir el futuro. Esa misma noche los dos *orishas* intercambiaron sus dones, y ninguno se arrepintió nunca de la transacción. A partir de esa fecha,

Changó, para regocijo de todas las diosas, podía bailar más que cualquiera. Cada vez que bailaba, hacía saltos mortales que desafiaban a la muerte, escupía fuego a través de los labios fruncidos y creaba pasos salvajemente mientras se agarraba los *cojones*. En uno de estos bailes, conoció a la seductora Ochún, quien se apresuró a sumergir su índice en la calabaza de miel y pasarla por sus labios carnosos. Los dos se convirtieron rápidamente en amantes apasionados.

Ayáguna, podía haber enviado lejos a su hijo Changó para que no ocurriera otro caso de incesto bajo su techo, pero se aseguró como Obatalá, el *orisha* paternal de la paz, la tranquilidad y la armonía, visitar a su hijo con regularidad, observando al niño, maduro en estatura, aunque no necesariamente en sabiduría. Obatalá amaba profundamente a su hijo y se hubiera escandalizado si supiera que Changó no era, como él creía, fruto de sus propias entrañas. A decir verdad, Changó había sido concebido cuando su madre Yemmu estaba fuera de la granja en un largo viaje. Lamentablemente, no planeó bien su salida, al no traer suficiente dinero para pagar los gastos del viaje. No estaba demasiado preocupada porque el camino a casa era recto y solo tardaría unos pocos días. El único obstáculo era cruzar un río, pero afortunadamente para ella, Aganyú, el dios de los volcanes y ríos de lava fundida transportaba a la gente a través en su pequeño bote por un precio mínimo. Este gigante de la ciudad de Oyo también era el *orisha* patrón de los errantes y viajeros.

Aunque Yemmu no tenía dinero para pagarle, estaba segura de que podrían llegar a algún arreglo mutuo. Mirando su enorme cuerpo, que se elevaba muy por encima de ella, suplicó: "Por favor, llévame al otro lado del río". Pero Aganyú, un astuto hombre de negocios exigió el pago por adelantado. Como no tenía dinero y empezaba a darse cuenta de que Aganyú podría negarse, le aseguró que le pagarían generosamente una vez que llegaran al otro lado del afluente. Con cierta vacilación, Aganyú cumplió, de todos modos, llevando a salvo a la hermosa Yemmu a las orillas opuestas del río. Una vez atracado, Aganyú solicitó su tarifa. "Pero no tengo dinero para darte". Yemmu susurró seductoramente: "¿Seguramente debe haber algo más que desees y que yo pueda ofrecerte?"

El solitario Aganyú pensó un rato en la obvia proposición de Yemmu. No quería enojar a su esposo, el viejo Ayáguna, pues, aunque este incidente ocurrió antes de que él se convirtiera en el poderoso Obatalá después del descubrimiento de la violación de Yemmu por parte de Oggún, ya era temido por todos los demás dioses y diosas. Después de unos momentos reacios, el gigante sonrió y agarró bruscamente a Yemmu, la arrastró detrás de los arbustos y encontró satisfacción encima de ella en menos de un minuto. Aganyú salió rodando de Yemmu y se tumbó satisfecho junto a ella. Las aguas de Yemmu podían enfriar la lava, pero solo aumentaron su propio ardor. Una vez que la lujuria de Aganyú se apagó, resurgió el miedo. Antes de que pudiera expresar sus preocupaciones, Yemmu, molesta, insatisfecha, pero sin esperar mucho más, besó al gigante en la frente, se metió rápidamente al río para lavarse, alisó y colocó su falda, apresurándose a continuar su viaje a casa, dejando a Aganyú solo enfrentándose a sus miedos y ansiedades. Al día siguiente, cuando aún estaba a cierta distancia de la finca, Ayáguna, que trabajaba solo en el campo, vio su silueta a lo lejos. Al estar separados durante más de dos semanas y echando profundamente de menos a su esposa, corrió a saludarla. Una vez que la encontró, en un momento de fuerte atracción, le arrancó la ropa e hizo el amor a Yemmu en el campo abierto bajo el sol y el cielo azul brillante. Esta vez Yemmu sí encontró satisfacción, porque lo amaba como él la amaba a ella. Nueve meses después, nació Changó.

Desde su indiscreción con Yemmu, el gigante Aganyú hizo todo lo posible para evitar a todos los involucrados: la madre, el niño y especialmente Ayáguna. La personalidad fogosa del niño era una clara prueba del carácter de su verdadero padre, como el señor de los volcanes, cuya lava proporciona la semilla caliente para germinar la vida en las profundidades de las aguas vaporosas del océano. Pero naturalmente, Ayáguna siguió asumiendo que el bebé era suyo, aunque de vez en cuando sentía que algo no era correcto. Un fugaz momento de duda que no podía explicar del todo lo perturbaba y desconcertaba de vez en cuando. Quizás fue por esta persistente sospecha, guardada durante tanto tiempo, que la ira de Ayáguna se encendió tan rápido en ese fatídico día cuando descubrió que su esposa estaba siendo violada continuamente por su hijo Oggún.

Irónicamente, la verdadera razón por la que el niño había sido expulsado era por el temor que Ayáguna tenía de Changó cuando creciera porque podía repetir el acto vergonzoso de su hermano. Y, sin embargo, esto sucedió casi sin darse cuenta.

En una fiesta en particular que duró toda la noche, Changó conoció a Yemayá, la diosa de los océanos, por primera vez desde que era un niño pequeño. No reconoció que antes de su transformación, ella había sido Yemmu, su madre. Changó quedó prendado de su belleza madura y majestuosa. "Qué preciosidad", pensó para sí mismo, y de inmediato se dispuso a seducir a la mujer vestida de azul marino con detalles en blanco. Yemayá, por supuesto, reconoció de inmediato a su hijo, decepcionada por la vida que había elegido para sí mismo persiguiendo faldas constantemente, bebiendo en exceso y peleando sin cesar. Al darse cuenta de sus atenciones, se acercó a él y le susurró al oído: "Dejemos esta aburrida fiesta por un lugar más privado e íntimo". Impresionado consigo mismo por una conquista tan fácil, la siguió sumiso lejos de las festividades llenas de gente hacia el océano. Le pidió a Changó que subiera al bote para que pudieran remar hasta una pequeña isla donde se encontraba su casa, no muy lejos de allí. Pero el poderoso dios del trueno dudó, porque el fuego, al fin y al cabo, siempre teme al agua.

La lujuria superó su cautela. Con cuidado, Changó abordó el bote, pero primero le dio a Yemayá una suave palmada en el trasero, tal vez como un recordatorio, más para sí mismo, de su fuerza, hombría y dominio. Ella respondió de la misma manera con un grito juguetón, enmascarando su furia por la insolencia de Changó. Una vez que estuvieron juntos en la barca, Yemayá los guió hacia mar abierto, alejándose cada vez más de la orilla. De repente, se puso de pie y se zambulló por la borda en el océano, desapareciendo bajo las olas, abandonando al sobresaltado Changó que era

139

bastante ignorante en materia de navegación o de natación. Enormes olas comenzaron a empujar el pequeño bote, sacudiéndolo arriba y abajo repentinamente, mientras que muros enormes de agua caían sobre su cabeza. Cuando la barca volcó, las aguas lo envolvieron y comenzó a hundirse. El tiempo se ralentizó hasta detenerse cuando la quietud profunda lo rodeó lentamente en un abrazo helado y tierno. A medida que las aguas se abrían paso en cada orificio de su cuerpo, y la oscuridad bloqueaba sus pensamientos para que ya no pudiera ver sus recuerdos, descubrió que no podía respirar mientras la chispa de la vida se consumía. "Aarrrggghh", gorgoteó, mientras las burbujas de aire emergían de sus labios congelados.

Excitada, un alga marina salió de sus cálidas profundidades entre dos formaciones rocosas de coral, ascendiendo en una seductora danza de ondulaciones curvas a cámara lenta, enroscándose cariñosamente alrededor de sus tobillos, frotándose y envolviéndose alrededor de sus piernas, alrededor de su "palpitante ingle", de su cintura y en sus axilas calientes y aterrorizadas. Las hojas de la planta se enroscaron alrededor de los músculos de su cuello, que estaban hinchados y palpitantes por la falta de oxígeno, mientras su fuego interno se extinguía. Fue arrastrado hacia abajo, hacia abajo y más hacia las profundidades del mar frío. Pronto se convertiría en otra ofrenda para Olokun. Con su último atisbo de fuerza, se forzó a sí mismo con el fin de liberarse de las algas, disparándose hacia la superficie para sacar la cabeza del agua, luchando contra la idea de pasar su futuro en una tumba acuática.

"¡Aarrrggghh!" Gritó con su última bocanada de aire mientras chapoteaba en la superficie, desperdiciando demasiada energía porque no sabía nadar. Vio a Yemayá acercándose a él, cabalgando sobre una ola, gloriosa en su vestido azul, con rocío del océano y rodeada por el brillo del sol naciente. "Ten piedad de mí", logró escupir Changó, entre tragos de agua de mar. "Te salvaré hijo mío", respondió Yemayá, "con una condición: que aprendas a respetar a tu madre". En ese momento Changó reconoció a Yemmu como Yemayá y comenzó a llorar, llanto que se confundió con las aguas saladas del océano. Le rogó a Yemmu como Yemayá que lo perdonase por cómo la maltrató en la fiesta.

Instantáneamente el mar se calmó, y su madre ayudó al tembloroso Changó a subir al bote. En silencio regresaron a la estabilidad de la tierra. El resentimiento que había tenido durante todos estos años por el abandono de Yemmu no se disipó instantáneamente, sino que comenzó a desarrollar una grieta en el muro de amargura que había erigido. Pasarían décadas hasta que su recuperación comenzó a afianzarse lentamente. Un resultado inmediato después del encuentro con su madre lo llevó a prestar más atención a las mujeres a las que seguía seduciendo, mientras se esforzaba por volverse menos egocéntrico en sus relaciones sexuales y asegurarse de que las mujeres concluyeran con sus necesidades también satisfechas. Y si bien aprendió a respetar a Yemayá, aun así, quedó contrariado e insatisfecho al intentar entender por qué lo exiliaron, hasta el día en que su hermano Elleguá le reveló la verdad. Los secretos siempre tienen una manera de salir a la luz; especialmente cuando se trata de Elleguá el embaucador, quien siempre parecía estar enterado de los últimos chismes entre los *orishas*.

En una noche en particular repleta de bebida y bailes hasta bien entrada la madrugada, Elleguá salió de la fiesta a refrescarse. Notó que Changó también estaba en el porche, sentado en un banco de madera que comenzaba a arder con el calor que estaba generando mientras observaba el trasero de una hermosa mujer a través de la ventana. Elleguá asintió con una sonrisa de complicidad y comenzó una conversación mientras ambos seguían bebiendo *cheketé*, una bebida hecha a base de miel y naranja agria. No eran simplemente hermanos, sino también buenos amigos. "*Oluki mi*, amigo mío, cómo te he extrañado. Siempre me arrepentí de no haber pasado más tiempo juntos. Qué vergüenza que padre te mandara lejos cuando eras niño, todo por culpa de Oggún."

"¿Oggún?" Changó estaba desconcertado, "¿Qué tiene que ver Oggún con mi destierro?"

"Oh, perdóname hermano, pensé que lo sabías. Por favor, olvida lo que acabo de decir.

"¿Pensaste que sabía qué?" preguntó el confundido Changó mientras se recuperaba rápidamente. "Dime lo que sabes."

"Querido hermano, sé muy bien cómo es tu temperamento volcánico y tengo miedo de decírtelo, miedo de lo que puedas hacer. Pero, lo cierto es que sí que tienes derecho a saber.

"¿Saber qué?" preguntó Changó con irritación, frustrado con el juego constante de Elleguá. Elleguá captó el tono de voz de su hermano que resonaba como un trueno no tan lejano y decidió que era prudente finalmente dejar que Changó supiera los detalles. Le contó a Changó cómo su hermano Oggún había violado a su madre, cómo Ayáguna, antes de convertirse en Obatalá, los había sorprendido en el acto, y cómo en un intento de castigar a su madre y evitar futuros actos incestuosos, su padre desterró al hijo futuro y predilecto de Yemmu. Después, Changó se sentó aturdido, literalmente atónito, lo que se tradujo en un fuerte crujido en el cielo, justo sobre sus cabezas. Entonces Elleguá dejó caer la segunda parte. "Lo gracioso es que mientras nuestro padre pensaba que estaba desterrando a su hijo, sin que él lo supiera, en realidad estaba desterrando a su hijastro".

"¡¡Hijastro!!" se atragantó Changó. "¿Qué quieres decir con hijastro?"

"Supongo que sabes que no eres hijo de Ayáguna, que fuiste engendrado por Aganyú ¿verdad?" Por supuesto que Elleguá sabía muy bien que Changó no sabía nada de esto. Sin responder, ni decir palabra, Changó se levantó y se fue. Quería llorar, quería golpear a alguien, y sus locas emociones hicieron que el cielo destellara con relámpagos y las nubes se hincharan repentinamente con truenos enturbiados. Calmándose, decidió que lo que necesitaba ahora era pensar. Y así lo hizo. Durante más de una semana no fue a fiestas, ni bailó, ni se peleó o comió. Simplemente se sentó donde habitaba principalmente, encima de la palmera real. Pensando. Allí, sobre el árbol más alto y majestuoso, donde los rayos suelen cortar las copas, se sentaba Changó, día tras día, pensando. Cuando bajó, ya sabía lo que tenía que hacer. Si bien es cierto que mostraba constantemente un uso del poder imprudente y destructivo, todavía era el *orisha* de la justicia, y justicia es lo que buscaba, si esta pudiera definirse como venganza. Quería vengar a su madre destruyendo a Oggún y enfrentándose a su verdadero padre. Ninguna tarea resultaría fácil de lograr.

Primero siguió a Aganyú, hasta el río donde el gigante continuaba trabajando en su tarea diaria de transportar personas. Desde la noche en que casi se ahoga, Changó nunca había experimentado miedo. Sin embargo, tragó saliva y exigió enérgicamente: "Aganyú, reconoce el mal que has cometido contra mi madre. ¡Sé un hombre y asume la responsabilidad de tus acciones!" Aganyú siguió sentado en su bote, con el rostro vuelto hacia el agua, ignorando las súplicas de Changó. Indignado, Changó se adelantó enojado hasta el borde del pequeño muelle y gritó: "¡Quiero justicia, maldito!". Finalmente, Aganyú se volvió hacia el joven Changó y rugió. "¡Aléjate de mí chico! No sé de qué estás hablando. Yo no soy tu padre. ¡Tu *puta madre* es una jodida mentirosa! La negación de Aganyú solo enfureció e hizo más persistente a Changó, porque siempre despreció las mentiras y los engaños.

"Yo soy Changó, hijo de Yemmu – ahora Yemayá, la esposa de Ayáguna – ahora Obatalá; ¡y tú eres mi padre! gritó a todo pulmón, mientras los relámpagos caían a su alrededor y se escuchaban truenos a millas de distancia. Sí, Aganyú podía verse reflejado de manera notable en Changó, especialmente en ese temperamento ardiente. Pero nunca podría admitir el asunto por temor a que el poderoso Obatalá buscara venganza por invadir algo suyo. Y aunque todavía temía a Obatalá, se enfureció por la insolencia del joven que estaba frente a él, por lo que una vez más le dio la espalda. Pero Changó lo persiguió como un pit bull mordiendo un hueso carnoso. No pasó mucho tiempo antes de que el volátil Aganyú se diera la vuelta y arrojara lava fundida caliente de su boca, arrojando a Changó a los cielos. Changó estaba temblando, sus ropas chamuscadas, pero no resultó herido ya que cualquier verdadero hijo de Aganyú, era indemne al fuego. Changó salió derrotado de ese primer encuentro. Con el paso del tiempo, siguió persistiendo, día tras día, desgastando la resolución del poderoso Aganyú. Mientras el corazón de este se ablandaba, los dos *orishas* comenzaron un largo y arduo proceso de reconciliación como padre e hijo. Desafortunadamente, tal final feliz no se daría entre Changó y su hermano Oggún.

A diferencia de su encuentro con Aganyú, donde Changó buscó satisfacción a través del reconocimiento, ahora buscaba satisfacción con Oggún a través de la venganza. Una vez que él y Aganyú hicieron las paces, y después de un largo descanso, montó su caballo blanco Echinlá, y cabalgó veloz como un relámpago a la tierra de Takúa para enfrentarse a Oggún. Oggún, después de ser atraído por la vida en el bosque como un ermitaño por la encantadora Ochún, esta lo devolvió a la civilización como un cordero después de que sus tentadores dedos cubiertos de miel tocaran sus labios, y terminó casándose con ella. Pero, por desgracia, el matrimonio duró poco. Con el tiempo conoció a la tempestuosa Oyá, diosa del viento y las tormentas y gobernante de las puertas del cementerio. Una belleza feroz, ella, como Oggún, era una guerrera por derecho propio. Oggún dejó a la pequeña y hermosa Ochún y se casó con su tormentoso nuevo amor, estableciendo su hogar en la tierra de Takúa, donde ambos gobernaron juntos. Al principio, vivieron una vida idílica, pero con el paso del tiempo, Oggún, el incurable adicto al trabajo pasaba la mayor parte de sus horas de vigilia repartidas entre su herrería y la caza en el bosque. No pasó mucho tiempo antes de que Oyá se sintiera abandonada. Tal vez si Oggún le hubiera prestado más atención a su esposa y se hubiera quedado en casa, muchas de las batallas con su hermano podrían haberse evitado. Pero, de nuevo, tal vez su rivalidad era inevitable, ya que ambos *orishas* florecen más cuando están involucrados en un conflicto físico.

Cuando llegó Changó, su hermano estaba en la fragua batiendo metales a modo de espadas sobre su yunque. Changó no se enfrentó a Oggún en su lugar de trabajo, sino que se dirigió a casa de su hermano. Allí, detrás de la casa, vio a Oyá trabajando en su jardín, vestida con una blusa corta roja y una falda multicolor que creaba torbellinos ondulantes cuando se movía. Era más atractiva de lo que él esperaba: una mujer excitante con cabello oscuro largo y salvaje, que también era temperamental y poderosa de una manera cruda y terrenal. Comenzó a andar hacia ella mientras seguía ocupada plantando, permitiendo que su sombra cayera sobre ella. Oyá miró hacia arriba, apartando parte de ese enorme y seductor cabello de su rostro para mirar a Changó, que sabía muy bien lo atractivo que era. Llevaba pantalones blancos limpios hasta la rodilla y un chaleco rojo cargado de trenzas doradas y conchas de cauri. La visión realmente la dejó sin aliento, excitándola extrañamente, a pesar de que luchó por mantener cierta distanciamiento.

"¿Quién diablos eres tú?", Preguntó, "¿y qué coño quieres?" "Tú", respondió. Sin decir una palabra, la agarró de la mano y la condujo al interior de la casa.

Aunque Oyá encontró más deseable al deslumbrante Changó que al feo Oggún, trató de fingir resistencia por decoro, pero, a decir verdad, estaba demasiado harta de ser ignorada por un marido que prefería hacer la guerra al amor. Siguió ansiosa a Changó hasta la cama de Oggún. Pocas mujeres podían resistir sus ojos penetrantes y sus sensuales labios carnosos. Siempre había sido capaz de seducir a cualquier mujer que quisiera, conocido por mantener sexualmente satisfechas a cuarenta y cuatro esposas. Pronto las rodillas de Oyá se debilitaron y su cuerpo respondió a su toque sorprendentemente suave. Y mientras Oggún golpeaba sus metales a unos metros de distancia, Changó se hacía con la mujer de Oggún. Su don para hacer el amor era la sorprendente suavidad de sus caricias, llevando siempre a las mujeres al éxtasis antes que él. Su forma de hacer el amor fue apasionada porque el señor del trueno y la diosa de las tormentas se fusionaron en uno. Para Oyá, era como si el fuego estuviera quemando su fuerza vital mientras temblaba de dolor y placer. Con mucho, fue la experiencia sexual más satisfactoria en la que ambos habían participado. El propósito inicial de Changó había sido avergonzar a su hermano seduciendo a su esposa, dejando a ambos humillados, pero ahora todo había cambiado. Los dos nuevos amantes se encontraron eternamente unidos; como los fuertes vientos siempre anuncian la llegada de la tormenta eléctrica. Como todos saben, cada vez que se levanta el viento, los truenos no están muy lejos, persiguiéndolo. Mientras yacían juntos sudando en la cama de Oggún, Changó se asombró de lo rápido que se había enamorado. Convenció a Oyá para que se fuera con él, y la esposa abandonada no necesitó mucho más convencimiento. Montados en el fiel corcel Echinlá, ambos cabalgaron hacia su casa en Oyo. Ni siquiera se molestó en dejar una nota para el desprevenido Oggún. Más tarde esa noche, cuando Oggún regresó a su casa, primero notó lo silencioso que estaba y que no se oía el sonido de una falda torbellino que se movía de una habitación a otra. Buscó en la casa, pero Oyá no estaba. Buscó por todo su reino, pero nadie en Takúa sabía dónde estaba Oyá, aunque algunos dijeron que la habían visto cabalgar con Changó. "¿Changó?" se preguntó Oggún, completamente desconcertado, "¿qué podría significar eso?" Sin perder tiempo, se dirigió hacia Oyo para buscar a su mujer, pensando lo peor y listo para pelear. Cuando Oggún llegó al palacio de Changó, exigió la devolución de su esposa. Este era el momento que Changó había estado esperando. "Hijo de puta", bramó Changó, recordándole a su hermano el acto reprobable que cometió. Oggún se dio cuenta de inmediato que la seducción de su esposa había sido para saciar el hambre de venganza. Oggún todavía sentía pena y culpa, pero con el paso de los años había disminuido y había comenzado a encontrar una ligera recuperación en su espíritu. Pero este recuerdo revivió el dolor y abrió la profunda herida que se había hecho a sí mismo, enfadándose una vez más con esa rabia tan antigua que parecía proceder del principio de los tiempos.

Pronto, los dos hermanos se enzarzaron en un combate, cuando un rayo golpeó el hierro. El comienzo de toda guerra terrenal se remonta a este momento. Aunque Oggún es el Señor de las guerras, pronto iba a ser derrotado. Oyá, ya sea por lástima o por el recuerdo de un cariño sentido, se interpuso entre los dos hermanos y puso fin a la pelea. Pero esto fue un respiro temporal, ya que muchas batallas futuras se avecinaban, y desde ese día, los dos *orishas*, Changó y Oggún, siguen siendo enemigos mortales.

A partir de esta primera batalla, Changó ya no usaría herramientas de hierro. Incluso su emblema, el *oshe*, el hacha de trueno de doble filo está hecho de madera. Al poco tiempo, Oggún abandonó el pueblo de Oyo mientras que Oyá quedó como una de las amantes de Changó, su concubina favorita. Puede que no fuera tan sensual o seductora como Ochún, pero era una poderosa guerrera, tanto en el campo de batalla como en el dormitorio. Era muy apasionada pero no se limitaba solo a hacer el amor. Cada vez que la pareja peleaba, generalmente debido a que Changó era mujeriego, sus enfrentamientos eran feroces y los elementos (truenos, relámpagos, tormentas y viento) se abalanzaban sobre el mundo de los humanos con ferocidad. Sin embargo, cada vez que luchaba al lado de Changó contra un enemigo común, eran imparables, capaces de lograr cualquier cosa.

Hubo un tiempo en que Changó estaba enfrascado en una batalla perdida. Rodeado, hambriento, cansado y herido, parecía inevitable que pronto iba a ser capturado y asesinado.

Luchó arrastrándose hasta la casa de Oyá, en busca de socorro. Si tan solo pudiera descansar, podría recuperar su fuerza para luchar otro día, y sería capaz de triunfar sobre sus enemigos. Pero primero tenía que abrirse camino de alguna manera entre las líneas enemigas. Oya tuvo una idea. Cortándose su cabello largo y salvaje, hizo una peluca para que la usara Changó después de que le afeitase todo su cabello. Luego, lo vistió con uno de sus vestidos, de ahí el origen de la dualidad sexual de Changó. Es como si todos los machos fanfarrones tuvieran un lado gay oculto. Disfrazado, Changó pudo caminar por el campamento enemigo sin ser detectado y una vez a salvo, descansó y recuperó su vigor. Pronto, estuvo listo para la batalla. Cabalgó hacia el campamento enemigo, con toda su fuerza. En ese preciso momento, apareció Oyá blandiendo una espada en cada mano, demostrando que era una mujer más feroz que su amado. Juntos derrotaron a los enemigos de Changó. Desde entonces, ella ha sido su inseparable amor y compañera de guerra. Juntos, invencibles.

Macho, Macho, Macho Man

"*¡Coño, tú sí eres macho!*" Miguelito estaba atónito. Probablemente esta era la primera vez que su padre le hacía un cumplido. Por lo general, el anciano se refería a él, desde que era un niño, como un *inútil*. O peor, como *un pedo atravesado*, un término difícil de traducir, pero que significa algo así como un pedo obstruido. Entonces, escuchar a su padre de la nada llamarlo *verdaderamente macho* hinchó el ego del joven. En ese momento, poco después de cumplir los veinte años, Miguelito se encontraba sin un centavo después de invertir todos sus recursos económicos en fundar una inmobiliaria. El negocio aún estaba en sus inicios y aún no había obtenido ganancias. Para ahorrar dinero, el joven empresario volvió a mudarse a su antiguo dormitorio. Su padre, justo ese día, se topó con él mientras Miguelito se afeitaba. Incapaz de pagar la lata de cuarenta y nueve centavos de crema Barasol, Miguelito se estaba afeitando solo con agua y jabón. Por alguna razón inexplicable, esto impresionó a su padre, afeitándose *a lo macho*. El joven, que normalmente ansiaba la aprobación de su padre, estaba tan conmovido que nunca más usó crema de afeitar, incluso cuando pudo comprar la lata roja, blanca y azul por cajas. Pero volverse macho a los ojos de su padre resultó ser más doloroso que las quemaduras de navaja adquiridas por afeitarse sin loción calmante. Nadie nace macho. Se forjan y se convierten en uno a través del doloroso proceso de años de vencer cualquier rastro de sensibilidad o gentileza.

Dio la casualidad de que, a pesar de las privaciones económicas que había experimentado de niño, o tal vez debido a estas carencias, Miguelito se convirtió en un niño extremadamente sensible. Lloraba fácilmente cada vez que presenciaba dolor, incluso cuando el dolor era un personaje de dibujos animados de la televisión del sábado por la mañana. Tanta ternura enfureció a sus padres, que temían que su único hijo se convirtiera en *maricón*. El chico era simplemente demasiado gentil, demasiado delicado. Creían que necesita ser más duro. Para ellos, ser un hombre de verdad, un macho, implicaba el dominio y la protección de aquellos que no alcanzan el tóxico y fanfarrón ideal masculino. Los machos, por definición, tienen la responsabilidad de educar y cuidar a quienes carecen de la virilidad agresiva medida por el tamaño de sus *cojones*. Si Miguelito iba a convertirse en un macho, necesitaba ser mucho más duro. Yendo más allá del lema de "los niños no lloran" que le inculcaron a golpes, encontraron a un supuesto médico, que presuntamente alguna vez tuvo licencia para ejercer la medicina en Cuba, con el fin de comenzar un tratamiento de once inyecciones de testosterona antes de que el niño alcanzara la pubertad. Cada dos semanas, este "doctor" vendría a su apartamento para inyectar a su hijo su dosis de hombría.

Marta y Manuel estaban decididos a que ningún hijo suyo llegara a ser *maricón*. Eso simplemente habría sido *el colmo*, la gota que colmaba el vaso, lo peor que le podía pasar a cualquier familia cubana decente. En sus mentes, la muerte de su amado hijo era preferible a que se volviera "raro". Harían lo que fuera necesario para evitar que tal vergüenza recayera sobre el nombre De la Cruz. Por ahora, tomas bimestrales. Poco tempo después llego su iniciación real a la edad adulta.

El tratamiento con testosterona no fue el responsable del interés de Miguelito por la forma del cuerpo de la mujer. Años antes del comienzo de su tratamiento médico, era ya bastante consciente de su incipiente sexualidad. Cuando tenía alrededor de siete años y vivía en el vecindario irlandés e italiano marginado de Queens, el otrora despiadado policía cubano obtuvo empleo como el típico superintendente pasivo de un edificio colonial restaurado de seis pisos construido en 1934, ubicado a pocas manzanas al noroeste de Roosevelt Avenue y Junction Boulevard. En 1909, con la finalización del Puente de Queensboro, en aproximadamente 300 acres de pantanos donde se ubicaban pequeñas granjas ocasionalmente, comenzó a surgir un pueblo llamado Jackson Heights. A medida que las líneas de tránsito de Manhattan se fueron extendiendo hacia Queens alrededor de 1917, se construyeron apartamentos con jardín para los protestantes anglosajones de clase media y alta. Estos edificios se

153

mantuvieron para inquilinos blancos a través de restricciones en las escrituras y ordenanzas urbanas. El vecindario se convirtió en un oasis para quienes deseaban escapar de la urbanización de Gotham con su aglomeración comercial, la escasez de viviendas, el crimen y la suciedad. Los judíos comenzaron a mudarse al barrio durante la década de 1940. Pasaría otra década antes de que la primera familia de habla hispana de clase media, inmigrantes de Colombia, también hiciera de Jackson Heights su hogar. La familia De la Cruz se unió a la afluencia de nuevos inquilinos de la India y América Latina a mediados de los años sesenta, mientras que los protestantes blancos con suficientes medios económicos pudieron mudarse, dejando atrás a la mayoría de los católicos italianos e irlandeses de la clase trabajadora más baja. Los afroamericanos de clase media también comenzaron a mudarse al vecindario durante este tiempo, pero se los mantuvo segregados al este de Junction Boulevard.

La familia De la Cruz fue de los primeros hispanos en esa manzana, convirtiendo a Miguelito en el primer latino en inscribirse en la escuela primaria Santísimo Sacramento. Cuando la escuela cerró en 2009 para convertirse en PS 280, la matriculación de los estudiantes era casi un 90% latina. Pero en aquel entonces, a mediados de los sesenta, cuando Miguelito asistió por primera vez a clase, la escuela parroquial era la principal responsable de enseñar a los niños irlandeses e italianos del barrio que regularmente peleaban entre ellos, pero ahora con la llegada de Miguelito, de vez en cuando se agrupaban para meterse con él. Siempre que se encontraba en una riña, tenía que hacer lo que fuera necesario para salir victorioso, porque si alguna vez llegaba a casa ensangrentado y derrotado, o peor aún, se escapaba asustado, Marta le daría una paliza peor por no ser lo suficientemente hombre para manejar la pelea. Sus palizas generalmente involucraban el palo de la escoba. *"No seas maricón,"* Marta le gritaba constantemente a su hijo, con su forma de inculcarle la importancia de no ser cobarde. Cuando tenía diez años, gracias a los actores griegos que interpretaban a los puertorriqueños en la película West Side Story, comenzó a aprender qué se suponía que era un hombre latino y cómo se suponía que debía actuar. Como aspirante a pandillero, comenzó a llevar una navaja.

La Iglesia del Santísimo Sacramento y su escuela primaria adyacente, donde Miguelito pasó los primeros ocho años de su educación, estaban a media manzana del apartamento de su familia. Allí fue confirmado en la Santa Madre Iglesia, eligiendo a San Francisco como su santo de confirmación. Provenía de una larga línea de católicos devotos. Su abuelo paterno era un sacerdote católico, quien, por suerte para el niño, conoció a su esposa, y la abuela de Miguelito, mientras comulgaba, entre otras cosas. Gracias a una tradición de principios del siglo XIX, siempre se reservaría un asiento en el seminario católico de Camagüey Cuba para todos los futuros primogénitos De la Cruz, el abuelo de Miguelito y su hijo primogénito, el tío de Miguelito, habían disfrutado allí de una asistencia garantizada. El tío, sin embargo, abandonaría más tarde el seminario cuando descubrió demasiados libros marxistas en la biblioteca de la escuela. Sin duda, si la familia De la Cruz se hubiera quedado en Cuba, Miguelito también

155

habría ido al seminario católico y se habría convertido en un sacerdote católico romano.

Miguelito no solo fue confirmado en la fe en el Santísimo Sacramento, sino que también fue allí, años antes de que comenzaran sus tratamientos con testosterona, donde ocurrió su primer despertar sexual cuando quedó hechizado por las piernas de las monjas. Estaba en segundo grado cuando concluyó el Concilio Vaticano II, que fue la conferencia católica que liberalizó radicalmente a la iglesia mundial. Pero para un niño de ocho años, el único cambio radical que notó fue que las monjas ahora podían mostrar el cabello, así como sus piernas, que antes estaban escondidas debajo de sus hábitos hasta los tobillos. Antes del Vaticano II, las Monjas Grises del Sagrado Corazón que enseñaban en el Santísimo Sacramento usaban faldas lo suficientemente largas como para cubrir sus botas y ocultaban todo su cabello debajo de su toca católica. Después del Concilio Vaticano II, lo que más impresionó al niño fue cómo los nuevos velos exponían una parte de las cabezas previamente cubiertas de la monja. Eran rubias, morenas y pelirrojas. Algunas de las monjas tenían el pelo largo y suelto, mientras que otras tenían el pelo canoso o completamente blanco. Más importante que los peinados de las monjas era el largo de sus faldas, ahora levantadas justo debajo de las rodillas, dejando al descubierto sus piernas para que todo el mundo las viera. Era demasiado joven e inmaduro para apreciar los cambios radicales que estaban ocurriendo en la parroquia, pero estaba realmente cautivado por las piernas largas, e imaginaba, sedosas de las monjas.

Esta fue también la época en que Miguelito experimentó su primer encuentro con el abuso sexual. Una de las adolescentes irlandesas de la escuela, probablemente alrededor de quince años, vivía en su edificio de apartamentos y le pagaban unos dólares a la semana para cuidarlo después de la escuela y supervisar sus deberes mientras sus padres trabajaban. De vez en cuando, la adolescente aburrida obligaba a Miguelito a tocarla a ella y a su amiga. "Aquí, dame la mano", decía, guiándola entre sus piernas y las de su amiga mientras apretaban con fuerza. "Cuéntanos, ¿cuál está más caliente?" Esto dejó al pobre Miguelito confundido. Eran mayores y tenía que obedecerlas. Él sabía que algo estaba mal. No, no debería participar en sus juegos. Y, sin embargo, se sentía excitado. Asqueado. A esto se referían sus padres con convertirse en hombre, ¿verdad? Ser macho, a sus ojos, siempre significaba estar sexualmente preparado para cualquiera, en cualquier lugar y momento. Por eso no tuvieron reparos en regalarle revistas Playboy desde que empezó primaria, colección que guardaba debajo del colchón de su cama y que cada tanto traía al colegio para compartir con los demás chicos de su clase. Tal vez si estaban muy ocupados comiéndose con los ojos las páginas centrales, se concentrarían menos en pegarlo. Aun así, no quería tocar a estas chicas mayores y, sin embargo, una parte de él sí lo hizo. ¿Se equivocó al luchar contra las expectativas incipientes de mostrar cierto tipo de personalidad sexual potente que estuviera siempre al borde del deseo y la acción? ¿A los ocho años? ¿No podría ser primero un niño, libre de estos sentimientos confusos y vergonzosos? El pobre niño pasó de jugar con camiones de bomberos en miniatura a tener un deseo ardiente de jugar con el cuerpo de las mujeres.

Cuando Miguelito cumplió doce años, tuvo su primer amor con una chica de su misma edad, Silvia, con cabello negro oscuro y ojos marroquíes. Ambos estaban más enamorados de la idea de ser novios que de tener algún tipo de relación. Intercambiaban notas de amor, bueno, al menos notas que decían que se gustaban "mucho, mucho, mucho", por lo que esto los hacía sentir como si estuvieran flirteando. Tan lindo, tan inocente, tan diferente de lo que esas chicas mayores le obligaron a hacer cuando era más pequeño. Pero siempre que estaba a solas con Silvia, el tímido Miguelito simplemente no sabía qué decir o cómo comportarse. ¿Se suponía que debía agarrar su coño como las chicas mayores le habían enseñado? o ¿se suponía que solo debía darle la mano?, ¿se suponía que debía besarla? ¿en la mejilla? ¿en los labios? Totalmente confundido, Miguelito recurrió a Guillermo, un amigo de la familia con quien siempre le resultó fácil hablar de esas cosas. Irónicamente, Guillermo era todo lo que sus padres temían que su hijo se convirtiera , un *maricón*. Y, sin embargo, Guillermo no era cobarde. De hecho, si ser macho significaba, audacia, coraje y poseer enormes *cojones*, entonces Guillermo era probablemente el hombre más macho que el joven Miguelito había conocido. Y así, las primeras lecciones de amor de Miguelito se las dio este hombre gay. Qué triste que estas lecciones sobre delicadeza y buenos modales fueran anuladas pronto por el machismo de su padre.

Como practicante de la santería, Guillermo era devoto del *orisha* Inle, un bello adolescente de abdominales canela modelados que se ganaba la vida curando a otros a través de las hierbas que recolectaba en el bosque. Inle era impecable y vestía siempre a la moda, especialmente cuando lucía sus pantalones bombachos favoritos hasta la pantorrilla, que eran de un azul coral rosado. Le encantaba ir sin camisa, permitiendo que los rayos del sol acariciaran suavemente su pecho desnudo. Su cabello largo y sedoso, que llevaba en siete trenzas, estaba generalmente envuelto en un turbante verde, lo que resaltaba su suave rostro de bebé y le daba una apariencia femenina. Un día, mientras estaba sentado sobre las rocas donde el bosque se encuentra con el océano, escuchó un chapoteo que interrumpió su concentración en ciertas hierbas curiosas que había recolectado recientemente. Levantando la mirada vio a Yemayá que había emergido del mar, que, desde hacía algún tiempo, admiraba desde lejos al hermoso y joven herborista. El aprecio por su buena apariencia pronto se convirtió en obsesión sedienta. Jugando tímidamente al principio, chapoteó alrededor de la orilla del mar tratando de atraerlo más. Cuando el pansexual Inle finalmente la notó, inmediatamente se enganchó, enamorándose, o fue cuestión de lujuria, con la diosa de ébano del mar que era mucho mayor que él. Llevaba una falda azul y su top transparente ahora empapado perfilaba los voluptuosos senos con los que nutrió a toda la creación. Sobre su cabello rizado, lucía una majestuosa corona hecha de conchas marinas y estrellas de mar vivas.

"¡Cásate conmigo!" — exigió el impulsivo Inle. Pero Yemayá se negó, porque su casa estaba en el mar. "Vive conmigo", ronroneó suavemente. "Pero cómo podría", respondió, "estoy limitado por los pulmones, necesito oxígeno constantemente". Mientras Inle reflexionaba sobre sus limitaciones, Yemayá, sin previo aviso, agarró al joven y lo besó apasionadamente, moviendo la lengua por su garganta como una ostra cruda. Se sumergieron lentamente en el frío abrazo de las aguas del océano, donde pronto se dio cuenta de que ese beso revelaba el secreto para respirar bajo el agua. Inle fue, entonces capaz de unirse a ella en el fondo del océano, donde pasaron meses haciendo el amor apasionadamente. Pasaron días sin salir de su dormitorio. Hay algo, pensó Yemayá, en un joven cuya resistencia y potencia bruta compensan la falta de experiencia. Estaba, al fin y al cabo, siempre listo. Cuanto más tiempo permanecieron entrelazados, más se encargó de instruir al muchacho indisciplinado en cómo llevar a una mujer madura y experimentada al clímax completo. Aprendió que, al controlar y retrasar sus propias erupciones temblorosas, ella estaría completamente satisfecha y su propia eyaculación sería más placentera de lo esperado.

A medida que su intimidad se volvió más creativa y experimental, Yemayá comenzó a bajar la guardia. Pronto, le estaba enseñando algo más que múltiples posiciones del acto sexual. Imprudentemente, le reveló sus enormes tesoros, enseñándole muchos misterios incluyendo el arte de la adivinación que previamente le robó a Orúnla. El joven Inle aprendía rápido. Lamentablemente, estas relaciones basadas únicamente en el placer pierden su atractivo con rapidez. La adoraba, pero empezó a cansarse de su existencia acuosa, aburriéndose un poco y echando de menos la sensación de la hierba verde y seca aplastada bajo sus pies, el olor almizclado del bosque, el calor palpitante del sol que penetraba sus huesos, el canto de los pájaros, y la suave niebla de la mañana acariciando su rostro. Yemayá, aún menos involucrada que él, estaba casi harta de su vigor juvenil. Estaba lista para despedir al chico y volver a la búsqueda de una pareja más madura y experimentada. Sin embargo, ella temía echarlo, porque, en realidad, él se había familiarizado con los secretos de su dominio. ¿Podía confiar en él? ¿Revelaría lo que sabía a los otros *orishas*? ¿Su conocimiento adquirido en adivinación disminuiría sus propios poderes? Finalmente lo desterró a vivir en la intersección de los ríos y el océano, pero primero le cortó la lengua, de modo que, si alguna vez quisiera volver a hablar, solo podría ser a través de ella.

Guillermo, con su parecido a Errol Flynn excepto por el cabello anaranjado teñido, se parecía mucho al *orisha* Inle. Ambos habían pagado un alto precio por su sexualidad. Pero a diferencia de Inle, que nunca más pudo hablar, Guillermo, cómodo en su propia piel, optó por hacerse oír. A principios de la década de 1960, los hombres que participaban en relaciones amorosas entre personas del mismo género corrían el riesgo, como Inle, de ser tortuosamente silenciados. Pero Guillermo se negó a vivir una mentira. Fue muy sincero sobre su sexualidad. No tenía miedo de maquillarse o usar ropa que en ese momento podría describirse como extravagante. Se requería una tremenda valentía para ser abiertamente gay durante este tiempo cuando el acoso y el arresto eran bastante comunes a manos de los más nobles de Nueva York. Las relaciones amorosas entre personas del mismo sexo eran ilegales en la Gran Manzana. La infracción de la ley incluía ir de la mano, besarse, travestirse o bailar con alguien del mismo género. De vez en cuando, la familia De la Cruz se subía a su Buick Skylark y se dirigía a la estación de policía para rescatar a Guillermo después de uno de sus arrestos por una de estas infracciones. Años más tarde, durante las primeras horas de la mañana de un día de verano de 1969, estaría entre los hombres homosexuales de color que participaron en los disturbios de Stonewall en el Village. Se rumoreaba que Stonewall Inn, que atendía a latinos homosexuales, estaba a cargo de la familia Genovese. La chispa que originó el Movimiento de Liberación Gay ha sido tan manipulada que muchos olvidan que la protesta de esa noche de verano que encendió la mecha final del movimiento fue provocada por hombres y mujeres homosexuales de color.

Manuel no estaba interesado en tales movimientos de liberación. En cambio, descubrió que los homosexuales tenían un propósito útil para salvar a sus antiguos compatriotas. Temeroso de la difícil situación de sus antiguos colegas, trabajó duro para ayudarlos a salir de Cuba. El endurecimiento de las políticas de inmigración significó que aquellos que estaban casados con ciudadanos estadounidenses tenían una mayor probabilidad de migrar. Así, Marta y Manuel ayudaron a concertar matrimonios de conveniencia. Reclutarían a gays y lesbianas latinas en los Estados Unidos para casarse con cubanos solteros en la isla que buscaban asilo. A cambio, la persona homosexual poseía la coartada del matrimonio durante un tiempo en el que no podía vivir con quien amaba porque estaba fuera de la ley. Más tarde, después de la migración, la pareja esperaría un período de tiempo respetable y luego simplemente se divorciaría o mantendría un matrimonio platónico si les convenía a ambas partes. Los padres de Miguelito tenían muchos amigos homosexuales porque, como tantos otros latinos, no eran homofóbicos como los *yanquis*. No temían al hombre gay, sino que simplemente lo despreciaban por elegir no demostrar su virilidad a través de normas aceptables. Gran parte de las normas sociales de Cuba giraban en torno a un baile entre machos.

Incluso podríamos debatir que toda la Revolución cubana se entiende como una competencia viril para ver qué lado, los batistianos o los fidelistas, eran los más machos. De un lado de la pista de baile estaban los generales y policías de las ciudades defendiendo la dictadura de Batista y del otro lado los rebeldes y revolucionarios de las montañas apoyando a Fidel. La virilidad y la nacionalidad se fusionaron, demostrando qué lado era más macho y con los *cojones* más grandes. En este baile cubano tanto el fascista como el marxista tienen mucho en común, distintas caras de una misma moneda machista. Ambos anhelan liderar el baile, dominar y domesticar a su pareja, buscando hacer del otro su "perra". Ambos bandos aborrecían lo femenino. Esta forma de homofobia culturalmente aceptada sugería un miedo compartido a traicionar las propias inclinaciones homosexuales ocultas. En realidad, nadie tenía realmente *cojones*. El macho vive siempre amenazado por su posible pérdida, mientras que el domesticado al rol pasivo es privado de su fuerza.

Guillermo, querido por los padres de Miguelito como si fuera un hermano menor, incluso cuando lo compadecían por no ser realmente un hombre, se convirtió en un oído "raro" dispuesto para un niño heterosexual de doce años que estaba desconcertado con las chicas. "¿Cómo le pregunto a Silvia si quiere salir? ¿Pago yo por su entrada al cine? ¿Le doy la mano? ¿Besarla? Antes de que Miguelito se armara de valor para invitar a Silvia al espectáculo matinal en el teatro Polk al final de la calle de su edificio de apartamentos, Guillermo ya había hablado con los padres de Silvia y se ofreció a ir como acompañante. Guillermo respondió pacientemente a las interminables preguntas de Miguelito, siempre con el objetivo de enseñarle al joven a respetar a una jovencita. Alejándose de los arquetipos binarios de género, trató lo mejor que pudo en la década de los 60, enseñarle la importancia de establecer una relación que no se basara en ilusiones machistas. Aproximadamente una semana antes de su gran cita, el niño aprendió cómo tratar a las mujeres con respeto y preferencia. A diferencia de lo que vio en casa, un hombre nunca golpea a una mujer, y antes de besarse o incluso ir de la mano, la pareja primero debe hacerse amiga. "Las relaciones debían basarse en el diálogo, no en sobar cuerpos", insistió Guillermo. Por primera vez, Miguelito aprendió conceptos como alma gemela y compañero de vida, reforzando, aunque por un momento, su mejor sensibilidad. "Ir al cine es solo eso, una oportunidad para hablar después de la película", recalcó Guillermo al niño. "No apresures las cosas. Tienes toda una vida por delante. Aprende ahora lo que significa desarrollar vínculos profundos de confianza". Esta perspectiva saludable podría haber llevado al joven a interacciones más satisfactorias y sanas con las mujeres cuando entró en la adolescencia y los primeros años de la edad adulta. Lamentablemente, a su padre le preocupaba mucho que Miguelito, a los doce años, aún fuera virgen. Burlonamente lo llamaba *señorito*.

"Ningún hijo mío va a ser *maricón*", bramó Manuel a Marta. "Llamaré a Montenegro", decidió. Montenegro también fue un expolicía en Cuba a quien ayudaron a salir de la isla. El hombre era un proxeneta y estafador, siempre en busca de hacer dinero, sobre todo en el lado equivocado de la ley. La traición a la confianza del niño sucedió cuando sus padres se convencieron de que estaban ayudando a su hijo a convertirse en un adulto, específicamente ayudando a un niño sensible a convertirse en un hombre duro que pudiera sobrevivir en un mundo que quería fastidiarlo. "Esta es mi responsabilidad como padre", pensó Manuel, "mi deber, hacer de este niño un hombre". Marta permaneció inusualmente silenciosa. Sobre la base de sus propias experiencias trágicas, se le había enseñado a ver a través de los ojos de la cultura machista que le había infligido sus propios abusos. Aunque era mejor dejar las cosas relacionadas con la desfloración de futuros machos para los hombres mayores, ella, de todos modos, se convenció de que era una necesidad con el fin de garantizar la capacidad de su hijo para prosperar en un mundo de hombres. Al aceptar la legitimación de lo que los hombres deben hacer, se quedó en silencio y suprimió su instinto maternal para proteger a su hijo.

Una noche el expolicía se dispuso a solucionar este bochornoso problema de tener un hijo virgen contratando a una trabajadora sexual a través de su amigo Montenegro. Algunos llamarían a esto abuso infantil. Pero ¿realmente podría llamarse así? Ridículo. Era tradición, responsabilidad del padre hacer de su hijo un hombre. Pero ¿a los doce años? Fue un regalo, algo para alardear, no para quejarse. ¿Verdad? Solo un *maricón* se quejaría, y Miguelito no era *maricón*. Que Miguelito se opusiera solo demostraría que era *maricón* e incurriría en la eterna decepción de sus padres. No podía seguir decepcionando a su padre. Tenía que hacerse un hombre. Y, sin embargo, había sentimientos de vergüenza. Pero podía presumir de ello en la escuela, mostrando que ahora ya era un hombre. Pero ¿cómo se habla exactamente de algo que era ilegal por ley? ¿Y quién en su clase de primaria le habría creído? Y si hubiera compartido su pequeño y sucio secreto, lo más probable es que lo hubieran recibido con incredulidad en lugar de guiños, sonrisas cómplices o un choque de manos.

Todo esto era normal. Todos los niños pasan por este ritual, ¿verdad? Pero nunca había escuchado a nadie de su edad hablar de esas cosas. Muy confuso. Solo tenía que hacer su parte. Solo tenía que ser un hijo cumplidor y obediente. Confiaba en sus padres para que todo saliera mejor. No había nada de malo en lo que estaba a punto de suceder porque sus padres lo habían organizado. Además, ¿quién ha oído hablar de un hombre violado por una mujer? Da risa incluso considerar tal pregunta, ¿cierto? ¿Con doce años se es demasiado joven para saber que no quieres, incluso si crees que sí? Además, ¿no es esto cosa de fantasías? Las escenas de mujeres mayores seduciendo y durmiendo con chicos adolescentes han sido la sustancia erótica de innumerables novelas y películas sobre la mayoría de edad. ¡Coo coo ca choo

Miss Robinson! Entonces, realmente no puede estar tan mal. ¿O sí? Era todo tan confuso.

Miguelito sintió náuseas, pero sabía que de eso alardeaban los verdaderos hombres y que había que mantener en secreto. Por otro lado, *no* alardear de ello significaría que no lo disfrutó y sería tildado de *maricón*. Debería sentirse afortunado por "haber conquistado una vagina" incluso cuando sentía que iba a ser al revés. Permaneció "cagado de miedo" durante todo el encuentro, sin saber qué hacer, qué tocar, ni cómo actuar; aun así, se suponía que esta humillación sería el momento en que Miguelito se convertiría en hombre. Eso era lo que querían sus padres. ¿Eso era lo que él quería? Todo lo que sentía era vergüenza mezclada con excitación, deshonra, placer y suciedad, un desprecio erecto por sí mismo atravesado por una libido palpitante. Los rescoldos restantes de la inocencia se extinguieron por completo esa fatídica noche y él desarrolló, para sobrevivir a todo esto, una actitud muy odiosa hacia las mujeres que, en su mente, llegó a creer que existían únicamente para complacer a los hombres.

La prostituta era hermosa, de eso no había duda. Una latina de piel bronceada y cabello largo, lacio y negro que le caía sobre las caderas, delgada y bastante voluptuosa. Alquilar su cuerpo a extraños es lo que ponía comida en la mesa para ella y su pequeña hija. Las madres solteras harían cualquier cosa para alimentar a sus hijos, incluso perpetuar el ciclo de su propia opresión por el bien de sus hijos. Y siempre había hombres como Montenegro disponibles para abusar de su situación financiera. Como madre sustituta, trató de aceptar el papel de enseñarle a Miguelito sobre la vida y el sexo, pero una mentira tan misógina se quedó corta y la llevaba, con demasiada frecuencia, a embriagar sus sentidos bebiendo más de lo debido. Qué trágico, que esta maestra maternal se viera obligada a perpetuar en la próxima generación los abusos que ella y otras mujeres sufrían a manos de hombres y mujeres como los padres de Miguelito, que creían que esto era lo que se necesitaba para convertirlo en un hombre. Convertirse en hombre significaba convertirse en un bastardo como su padre, asumiendo el poder para controlar las decisiones importantes de la vida. El abuso hacia las mujeres simbolizaba el dominio intoxicado sobre todos los que no alcanzaban la definición de *macho*. Durante un tiempo, Miguelito se convirtió en el hijo de su padre a través de cicatrices talladas en su psique que nunca sanarían por completo. La primera víctima de convertirse en *macho* fue Silvia, poniendo fin a su tierna e incipiente relación.

Unas noches después, cuando se suponía que debía recogerla y llevarla al cine, Miguelito no se presentó. Sin llamarla, sin cancelación alguna. Simplemente no se presentó a la hora señalada. El conocimiento había hecho que el primer amor se convirtiera en algo demasiado infantil. Pobre Silvia. Había ido de compras con su mamá unos días antes y se compró ropa de moda. Esa noche, esperó sentada en su salón a que llamaran a su puerta, algo que nunca llegó. Después de unas horas, se hizo evidente que la había plantado, y a una edad tan temprana. "¿Por qué, mami?", sollozó, sin querer realmente una respuesta. Rechazando las palabras de consuelo de sus padres, lloró hasta quedarse dormida esa noche, sin saber por qué el chico que obviamente estaba enamorado de ella hace unos días, había perdido el interés tan rápido. "¿Qué he hecho mal?", reflexionó. Se devanó los sesos tratando de averiguar en qué se había equivocado. Guillermo, avergonzado por el comportamiento brutal de Miguelito después de responder por el niño ante los padres de Silvia, rara vez volvió a hablar con él. Así que se dañaron y traicionaron muchas vidas en aras de apuntalar y perpetuar el *machismo*.

Cuando Miguelito entró en la adolescencia, ya no estaba interesado en otras mujeres de su misma edad. Buscaba "usar" a mujeres mayores tal como ellas, igual que Yemayá, estaban ansiosas por usarlo. Pocos pudieron resistirse a los ojos seductores de Miguelito. Al igual que Inle, había mucho que aprender de las mujeres maduras que sabían exactamente lo que querían en el dormitorio y disfrutaban acostándose con sementales jóvenes. A medida que maduró, continuó buscando a estas mujeres mayores y más experimentadas, específicamente mujeres blancas, que eran diez, veinte e incluso treinta años mayores que él, quienes tenían un gran placer en presentarlo a sus amigos como su "amante latino de sangre caliente". Para ser consideradas "amantes de latinas", estas mujeres blancas podían ir a los barrios bajos, perdiéndose en sus impulsos secretos más primitivos, como una versión masculina de los personajes de *femme fatale* que habían visto en las películas. Pero existe una gran soledad cuando las relaciones no son más que físicas.

Desterrado al lugar intermedio, donde las aguas dulces de los ríos convergen con las aguas saladas del mar, Inle sufría una soledad insoportable. Había vuelto a tierra firme que tanto echaba de menos, cosechando hierbas y proporcionando tónicos a los enfermos. Pero le dolía el corazón cuando pensaba en Yemayá y recordaba las horas pasadas en su cama, el dulce aroma de las sábanas y fundas de las almohadas que habían sido empapadas en su sudor al hacer el amor. Vivía en una soledad silenciosa, sin lengua, sintiendo el peso del vacío aplastante. Con el tiempo, se le unió Abata, quien también había sido seducido y luego rechazado por la reina del mar. El *orisha* de los pantanos y ciénagas había quedado sordo y también expulsado a vivir con Inle. A lo largo de los años, desarrollaron un profundo compañerismo y la capacidad de comunicarse telepáticamente, como lo hacen las parejas casadas después de años de cohabitación. Pronto los dos jóvenes se convirtieron en amantes inseparables y apasionados. A partir de entonces, Inle siempre sería visto con dos serpientes entrelazadas envueltas alrededor de su cuerpo, siendo las serpientes el símbolo de Abata. No en vano, Inle se convirtió en el *orisha* patrón de la comunidad homosexual, un pueblo silenciado por la sociedad debido a su sexualidad. Ocupando un espacio que no es ni salado ni dulce, ni océano ni río, ni masculino ni femenino, Inle en el mundo de los espíritus y Guillermo en el mundo de los humanos brindaron consuelo y apoyo contra los poderes corrosivos y destructivos del machismo. Para Miguelito, sin embargo, ya era demasiado tarde para aferrarse a su inocencia, su sensibilidad o su dulzura, ya que aprendió a ser un misógino ignorante como su padre.

¿Y Guillermo? Permaneció en Jackson Heights por el resto de sus días viendo como una comunidad hostil se volvía más acogedora. Bien entrado en los sesenta, olvidado por su papel en Stonewall, fue sacudido por el asesinato de Julio

Rivera, un camarero gay de veintinueve años. Tres cabezas rapadas blancos, deseando recuperar Jackson Heights de los homosexuales, le golpearon el cráneo con un martillo no lejos de donde vivía en la Avenida 37. Este crimen atroz fue otro momento transformador, provocando un movimiento por la igualdad de derechos en Queens, un movimiento en el que participó Guillermo. Tres años más tarde, Jackson Heights celebró su primer desfile del orgullo gay en 1993 y Guillermo estaba allí ondeando su bandera del arcoíris.

Llámame Mike

"Aaaaaaaaaaa". Los gritos desgarradores de una niña flacucha de doce años con tristes ojos grises y cabello dorado recogido en una cola de caballo llenaron el aire, paralizando momentáneamente a sus compañeros. Miguelito, que para entonces tenía catorce años, recordaría este chillido agudo durante mucho tiempo. Hace apenas un momento, antes de que Sally Kolbert descubriera el espantoso lugar que la había conmocionado, los niños habían estado cantando el himno de lucha de los Dolphins a todo pulmón: "Miami tiene a los Dolphins, el mejor equipo de fútbol, nos llevamos el balón de la portería al gol, como nadie ha visto nunca, *algo, algo, algo*, Miami Dolphins, Miami Dolphins, Miami Dolphins, el número uno.". Se dirigían al sur a lo largo de las vías del tren junto a la avenida 72 hacia un campo abierto de tierra y vegetación en Bird Road. Cuatro años más tarde, estos sesenta y cinco acres se convertirían en el Parque Barnes, llamado así por el primer Director del Departamento de Parques y Recreación de Miami. Pero por ahora, mientras los niños se dirigían hacia el espacio abierto del vecindario indómito con una maleza tan espesa que solo podía ser penetrada con un golpe de machete, esperaban divertirse con todo tipo de juegos después de la escuela. Hacía una hora que habían dejado sus libros escolares en sus respectivos hogares y se habían reunido en casa de Sally porque sabían que su madre les proporcionaría sabrosas meriendas caseras.

A la Señora Kolbert, tan ancha como bajita, le gustaba alardear de cómo había ignorado las modas hippies y los peinados salvajes y libres de la década de los 60, insistiendo en cambio en mantener obstinadamente su peinado de colmena. Se arreglaba las uñas y el cabello todos los jueves a las 10a.m. y vestía "adecuadamente" con su vestido anticuado planchado con todo detalle y un collar de perlas de imitación que hacía juego con su cárdigan de manga corta con botones de perlas. Su hogar era su reino, una casa de estuco de tres habitaciones y un baño, más que una casa, era un espacio lleno de muebles usados de la era de Eisenhower. Desde su hábitat natural, la cocina, se aseguró de preparar una nueva tanda de galletas para que las devoraran los niños del vecindario, horneadas desde cero, no con mezclas de cajas baratas, para que los niños del vecindario pudieran informar a sus padres que Sally venía de un buen hogar. Tal vez si las mujeres pasaran más tiempo en la cocina que en el lugar de trabajo, el orden social ordenado por Dios no se iría al garete, pensaba habitualmente para sí misma.

Los estudiantes de secundaria generalmente se reunían en casa de Sally, aunque a menudo parecía todo demasiado perfecto, sin nada fuera de lugar. En esta perezosa tarde de miércoles, solo chicos se presentaron en su puerta. De vez en cuando algunas niñas participaban, pero en este día en particular, eran solo niños, lo que significaba que lo más probable era que terminaran jugando fútbol americano. La fiebre del fútbol de Miami todavía estaba en la mente de todos desde que solo unas semanas antes, durante la Super Bowl VII, los Dolphins derrotaron a los Washington Redskins, convirtiéndose en el primer equipo de la NFL en permanecer invicto durante toda una temporada. Don Shula seguro que no podía equivocarse. A Sally realmente no le importaba jugar al fútbol con los niños. Sabía que podía lanzar el balón de cuero mejor que cualquiera de ellos, pero hubiera preferido jugar al escondite, especialmente si podía encontrar un lugar para esconderse con el nuevo chico cubano del que estaba enamorada.

La familia de Miguelito se había mudado al vecindario hacía unos meses desde Nueva York. Aunque motivado por un posible papel de su padre en algún complot contrarrevolucionario cubano, la medida le brindó la oportunidad de escapar de los fríos inviernos y la violencia vertiginosa que se vive en las calles de la Gran Manzana. La campaña publicitaria de relaciones públicas para promover el turismo que se lanzaría unos años después, "I ♥ NY", no pudo ocultar cómo el crimen y la negligencia finalmente pasaban factura. Además, el clima de Miami les recordaba a sus padres el país que dejaron atrás y un ambiente más seguro, o eso parecía una década antes del surgimiento de los "cowboys" de la cocaína.

174

Sally se enamoró desde el primer momento en que vio a Miguelito ayudando a su padre a descargar el camión de mudanzas de hojalata con la cabina naranja. Desafortunadamente, su familia no sentía lo mismo. "Malditos cubanos", gritó su padre, calvo con patillas enormes, cuando notó por primera vez que se mudaban a la casa de al lado. "Seguro que los precios de las viviendas bajarán pronto", predijo. Sucede cada vez que esa maldita gente se muda a un vecindario. Al menos son mejores que los "negratas", aunque siguen siendo una raza mestiza más blanca. ¿Tal vez es hora de vender y mudarse a Fort Lauderdale? Sally frunció el ceño, sin entender del todo la ira de su padre, pero instantáneamente absorbió su diatriba racista como verdadera y clara.

En este húmedo día de febrero en particular, el padre de Sally, con su camisa de vestir blanca de manga corta con cuello abotonado y una corbata de clip de poliéster negra, estaba trabajando como interventor en la oficina del administrador de la ciudad, felizmente inconsciente de que su hija pasaba su tiempo de ocio con el responsable de la caída de valor de su propiedad. Incluso su madre creyó la mentira de Sally, cuando todos los niños se fueron después de la merienda, que iba a ir a la casa de una amiga. Si la Sra. Kolbert supiera la verdad, nunca habría permitido que su hija se fuera. Y si el padre de Sally se hubiera enterado, inmediatamente habría puesto su casa en venta y se habrían mudado al siguiente condado. Pero el secreto de Sally permanecería hoy a salvo.

Greg era el mayor y el más flaco de los cuatro niños, aunque su cara mugrienta a menudo estaba hinchada por los constantes resfriados debido a las alergias. Stan era el

175

temperamental, probablemente debido a que su hermano mayor había muerto hacía poco en Vietnam, un destino que los cuatro chicos creían que les esperaba una vez que cumplieron dieciocho años. Billy tenía la edad de Sally y se sentaba junto a ella en la clase de inglés, y Miguelito era literalmente el chico nuevo de la manzana. Greg vestía una camiseta de los Miami Dolphins cuyas mangas cortas solía usar como pañuelo para la nariz cuando moqueaba. Trajo la pelota de fútbol con la esperanza de que todos estuvieran de acuerdo en jugar algunos partidos. La Sra. Kolbert amablemente sirvió las galletas de avena tibias, aunque recientemente había dejado de ofrecer leche fría. No quería tirar un vaso cada vez que lo utilizará Miguelito. Sería demasiado costoso tener que comprarlos nuevos. Cierto, habría sido más fácil decirle a su hija que no lo invitara, pero como cristiana devota conversa, no quería parecer poco acogedora. No era racista, se decía constantemente a sí misma, pero nunca se sabe qué tipo de gérmenes pueden traer ese tipo de personas. Aunque algunos de sus mejores amigos eran cubanos, pensó en *tener una conversación* con su hija. Como enseña la Biblia: las aves del mismo plumaje deben volar juntas.

Miguelito parecía un niño bastante educado. Aun así, la Sra. Kolbert se sentía incómoda con un niño latino alrededor de su hija. Las visitas después de la escuela de otros niños eran agradables, al menos hasta ahora, pero la Sra. Kolbert notó que el cuerpo de Sally comenzaba a cambiar. Le estaba saliendo vello en las axilas, y era solo cuestión de tiempo antes de que "la tía Flo" comenzara a hacer sus visitas regulares. Lo último que su hija necesitaba ahora que iba a entrar en la adolescencia era cualquier tipo de chisme malicioso. "Hmmmm, pensó la Sra. Kolbert, tal vez es hora de matricularla en la nueva escuela privada de la iglesia", donde su hija podría mezclarse con una clase de personas más espirituales y con mejor posición social. Desde que las escuelas públicas comenzaron a eliminar la segregación, algunas iglesias respondieron abriendo escuelas cristianas, abogando por la importancia de proporcionar a sus hijos la salvación del plan de estudios secular anticristiano vigente. La Sra. Kolbert siguió insistiendo en dejarse engañar por una defensa tan conservadora. En su mente, Dios debía ser el punto central en la vida de los niños y solo Jesús tenía la capacidad de salvar. Todo este malestar en nuestras calles se remonta al día en que el gobierno comenzó a prohibir las oraciones en las escuelas. Los niños necesitan oración. Lo que terminaría con todo este malestar es una educación centrada en Cristo proporcionada desde el principio; un lugar donde no se tolerarían falsas enseñanzas como la evolución. La Señora Kolbert suspiró. Esto era lo que los padres se decían constantemente a sí mismos, una excusa que repetían con tanta frecuencia que en realidad llegaron a creerla, a pesar de que todo el mundo sabía que el verdadero propósito era proporcionar un vacío legal a la decisión del Tribunal Supremo para eliminar la segregación.

Miguelito, en ese momento, no se daba cuenta de estas profundas preocupaciones enterradas en los corazones y las mentes de sus vecinos anglosajones adultos. Estaba feliz porque pudo hacer amigos rápidamente después de haberse mudado desde Nueva York. Cuando la familia De la Cruz

177

llegó a Miami, Miguelito realmente no quería tener nada que ver con los recuerdos de sus padres y deseaba, más que nada, ser tan blanco como sus vecinos racistas. Se cansó de escuchar cómo todo era mucho mejor en Cuba. Si Cuba era un premio tan grande, ¿por qué sus padres no se quedaron y lucharon por ella? Por supuesto, nunca traicionaría a sus padres expresando estos pensamientos en voz alta, porque les rompería el corazón. Entonces, encontró otras formas de rebelarse que ni siquiera él podía explicar. A última hora de la noche, veía a Walter Cronkite en las noticias de las 11 en CBS, imitando su pronunciación, repitiendo las principales historias iniciales mientras intentaba igualar el discurso, el tono y la inflexión para sonar como un verdadero estadounidense, en este caso un estadounidense de St. Joseph, Missouri. Y, sin embargo, a pesar de toda esta práctica y sesiones con el terapeuta del habla de la escuela, cualquiera que haya escuchado hablar a Miguelito sabe que fracasó miserablemente.

Les diría a todos sus nuevos amigos blancos que simplemente lo llamaran Mike. Algunas veces incluso se presentó como Michael Cross. Tenía tantas ganas de que lo aceptaran como blanco, ser como ellos, que se mantenía lo más alejado posible del sol y, cuando estaba al aire libre, usaba grandes cantidades de protector solar en un vano intento de no parecer demasiado moreno. Si quería pertenecer a esta sociedad, tendría que circuncidar su "cubanía". Miguelito debe morir para que Mike resucite. Esta no era la primera vez que imponía la violencia sobre su mismo nombre. Cuando los niños de primer grado estaban aprendiendo a deletrear su apellido, las monjas irlandesas del Santísimo Sacramento escribieron "De La Cruz" en un cartón doblado y lo colocaron en su escritorio de madera para que pudiera practicar. Cuando trató de explicar que la "d" y la "l" debían escribirse en minúsculas, insistieron en que todos los apellidos debían escribirse en mayúsculas. Cuando se negó, le golpearon los nudillos con una regla. Hasta el día de hoy, como es evidente en la portada de todos los libros académicos que eventualmente escribiría, su nombre, en forma impresa, siempre aparece con "D" y "L" mayúsculas, un legado que continúa con su descendencia. La asimilación no es, en realidad, una elección, independientemente de lo que uno crea. En su mayoría se refuerza dolorosamente.

Cuando su familia dejó Nueva York y se mudó a Miami, evitó a los otros niños cubanos, prefiriendo hacer amigos entre los anglosajones, con la esperanza de finalmente integrarse por completo, lavando de algún modo, el hedor cubano que claramente causaba tanto disgusto y ansiedad entre los blancos. ¿Y por qué no debería intentarlo? Cuando se le dio a elegir entre los privilegios que conlleva la blancura y la represión asociada con los tonos más oscuros, incluso cuando era niño, sabía que la primera opción era la mejor, o, al menos, eso pensaba. Ahora vivía en el país más grande del mundo con toda la intención de triunfar. Tendría éxito donde sus padres se quedaron cortos. Quién sabe, ¡incluso podría convertirse algún día en congresista o en gobernador! ¿Y por qué no? ¿Qué podría interponerse en su camino? A quién le importaba si los otros niños cubanos lo llamaban *cubano repentido*. Con todo su corazón creía en un sueño donde si trabajaba duro, si se mantenía firme y con determinación, entonces alcanzaría el éxito. Los que pedían limosna en las esquinas de las calles estaban allí porque eran perezosos y no estaban dispuestos a esforzarse. De ninguna manera iba a unirse a ellos, así que planeó cuidadosamente sus pasos. Al final, abrió una compañía inmobiliaria e incluso tuvo una breve carrera política como candidato a la Cámara de Representantes de Florida. Pero eso todavía estaba a unos años de distancia. Por ahora, todo lo que quería era jugar con sus nuevos amigos anglosajones y divertirse.

Estaba contento de haber hecho amigos rápidamente, pero estaba un poco molesto porque Sally siempre andaba por ahí. ¿No podía irse a jugar con las otras chicas? Al menos su madre hacía unas galletas geniales. Cómo deseaba que su propia madre se pareciera más a ella: tan correcta, tan inmaculada, tan blanca. Nunca pudo llevar a sus amigos a su casa porque sabía que su madre lo avergonzaría con su *bata de casa*, sirviendo postres cubanos como *pastelitos de guayaba*. Aunque estaba un poco en conflicto con estos pensamientos. Después de todo, le encantaban los pasteles de guayaba, en especial los de crema de queso, pero seguramente sus amigos los odiarían porque eran raros y atípicos. Recordó haber compartido un pastel con Greg una vez, quien, después de morderlo, lo escupió rápidamente. Después de ese bochornoso episodio, Miguelito también dejó de comerlos.

Los niños devoraron las galletas de avena en casa de Sally y luego se dirigieron al extremo opuesto de la manzana. Esperaron unos quince minutos a que Sally se uniera a ellos después de convencer a su madre de que iría a la casa de una amiga. Una vez reunidos, se dirigieron al campo abierto. En ese momento, la familia De la Cruz vivía al sur de la calle 40, también conocida como Bird Road. Para llegar al campo abierto, tendrían que caminar hacia el este durante aproximadamente media milla a lo largo del canal y luego cruzar las vías del tren. Miguelito aún no se había acostumbrado a jugar al aire libre en febrero con pantalón corto y camiseta. Las temperaturas en su antigua Nueva York apenas llegaban a los 50, pero hoy en Miami hacía un hermoso día soleado rondando los 70. ¡Realmente amaba Miami! Sally vestía "pantalones cortos" rojos, de esos en los que el final de los carrillos de su trasero asomaba ligeramente. A las *Cubanitas* nunca se le permitiría salir así a la calle, pensó Miguelito, independientemente del calor que hiciera o tuviera. "Sal con las *americanitas* y diviértete", le recordaba constantemente su madre, "pero asegúrate de casarte con una *cubanita*".

Como Sally caminaba al frente, liderando a los niños en la canción de los Dolphins, fue la primera en ver lo que parecían ser los espeluznantes restos de algún tipo de animal junto a las vías del tren. Con el viento a sus espaldas, aún no lo habían olido, pero Sally supo de inmediato que había sido un perro. Encontrar un animal muerto junto a las vías del tren no era necesariamente algo inusual. De vez en cuando los atropellaban los trenes que pasaban, especialmente de noche. Lo perturbador en este caso era que el animal muerto parecía estar preparado, como una especie de sacrificio ritualizado.

"Aaaaaaaaaaa", chilló Sally, asustando a los niños. Ninguno de ellos entendió el significado de lo que estaban viendo, aunque por alguna extraña razón, Miguelito no había reaccionado como los demás. Al instante lo reconoció por lo

181

que era, un sacrificio hecho a una de las deidades de la religión primitiva de sus padres. En ese momento, no podía saber que era su propio padre quien había dejado el cadáver del perro negro junto a las vías la noche anterior, untado con manteca de *corojo* y envuelto en una tela de seda verde, una ofrenda a Oggún.

El sacrificio se había realizado antes de la medianoche del martes, todavía dentro del día más sagrado de la semana de Oggún. Debido a que Oggún es el dios de los metales, domina todas las formas de transporte que involucran automóviles, aviones y trenes. Uno de los lugares favoritos para comer de Oggún es sobre las vías del tren, de ahí el lugar ideal para dejar los restos de un sacrificio. Es importante que sea alimentado con frecuencia, pues se dice que cada vez que mueren personas por accidentes automovilísticos, aviones que se estrellan o trenes que descarrilan, es simplemente que Oggún tiene hambre por falta de ofrendas y provoca el accidente para alimentarse de la sangre de las víctimas.

Además, con la guerra de Vietnam llegando a su fin, el dios de la guerra sin duda perdería una fuente importante de la energía sagrada *ashé*. Gracias a la sangre derramada de los soldados, tanto estadounidenses como vietnamitas, Oggún se mantuvo bien alimentado. Pero con el final de la guerra a la vista y menos derramamiento de sangre, el padre de Miguelito pensó que Oggún estaría especialmente complacido con el *ebbó*, el sacrificio, que le estaba ofreciendo. Sabía que sus plegarias no serían respondidas por los *orishas* a menos que fueran alimentados primero. No estaba únicamente interesado en aplacar al beligerante *orisha*. Quería, o más bien, necesitaba, que el dios militar le correspondiera con *ashé* para la temible tarea que Manuel tenía por delante.

Se esforzó mucho en preparar el sacrificio antes de que apareciera en las vías y fuera descubierto por Miguelito y sus nuevos amigos. Unos días antes del hallazgo de los adolescentes, Manuel llamó al Changó Botánica ubicado en la *calle Ocho* y le encargó un perro negro.

La mayoría de los *botánicas* adquirían animales para los sacrificios rituales, pero principalmente gallinas y palomas. Los perros eran más difíciles de conseguir. Afortunadamente, la gente de Changó Botánica nunca defraudaba. Encontraron un perro callejero. ¿Cómo? Manuel ni preguntó ni le importó. Cogió al perro y se lo llevó a casa. Allí tiró las conchas de cauri para ver si el animal era un sacrificio aceptable para Oggún. Sí que lo era. Cualquier santero o santera ordenado puede ofrecer aves como sacrificio, pero solo unos pocos, como Manuel, fueron iniciados en el "Cuchillo de Oggún", una ordenación secreta que les permite sacrificar animales de cuatro patas. Una vez que el perro estuvo listo, Manuel tomó la daga de acero de once pulgadas cuyo mango de madera estaba decorado con cuentas verdes y negras. Sujetando al perro, presionando su cabeza con fuerza contra el suelo, Manuel le cortó la yugular, atrapando la sangre que fluía en la sopera verde de Oggún.

Por lo general, cuando los sacrificios son cerdos o pollos, se comen, pero este, no. Todo el cadáver se dejaría a la intemperie, donde suele residir Oggún, para que pudiese descomponerse y regresar a la tierra de donde provino. Colocó al perro muerto en el maletero de su Skylark plateado del 71 y condujo unas cuantas manzanas hacia las vías del tren. Había caído la noche, proporcionando suficiente cobertura para dejar el cadáver. Luego condujo hacia el cementerio de Woodlawn para otro ritual, pero en el camino se detuvo en Versalles, un local de Miami en *la sagüesera*, el barrio cubano del suroeste. Caminando hacia la cafetería de la calle lateral adyacente al restaurante, Manuel se dirigió a la rolliza camarera de mediana edad con cabello rubio y raíces negras de dos pulgadas. Con voz suave y azucarada, mirando su escote le pidió: *"Mi amor, dos croquetas de jamón y un cafecito, por favor"*. Solo cuando al final dirigió su mirada a su rostro, se dio cuenta de los *elekes* que llevaba en el cuello. Todos los devotos de *los santos* usaban estos collares de cuentas, collares, que simbolizan a los *orishas* que ella veneraba. Entre los cinco *elekes* había uno que constaba de siete cuentas verdes alternadas con siete cuentas negras en siete patrones que representaban a Oggún, y otro compuesto de nueve cuentas blancas alternadas con nueve cuentas negras que simbolizaban a Oyá. Manuel lo interpretó como una señal de que sus sacrificios serían aceptados y su tarea había tenido éxito.

Después de terminar su refrigerio nocturno, dejó una generosa propina, agradecido no solo por la señal celestial, sino también por el botón desabrochado adicional en la blusa blanca de la camarera. Con una buena dosis de cafeína, Manuel continuó su recorrido hasta el cementerio Woodlawn, también ubicado en *la calle Ocho*, uno de los parques conmemorativos más antiguos de Miami. Aquí estaban enterrados los expresidentes cubanos Machado y Prío Socarrás, que se encontraban en el exilio, muy lejos de un hogar donde ya no eran bienvenidos. Después de salir de

Versalles alrededor de la medianoche, condujo hacia el este con la intención de colarse en el cementerio. A lo largo de la Avenida 32, el borde este del cementerio, estacionó su vehículo y se acercó a la valla de cinco pies cerrada con cadenas, levantada para que sirviera de protección y que Manuel, junto con su mochila, saltó fácilmente. Además de contar con la ayuda de Oggún al ofrecer el perro, Manuel también necesitaría la ayuda de Oyá si quería tener éxito en la defensa del honor de su familia, agregándose a su reino. La *orisha* Oyá, la única guerrera del panteón Yoruba, domina los cementerios. Aunque ese no es su hogar, tiene la propiedad de sus puertas y guía el espíritu de los muertos a sus tumbas.

Una vez en la ciudad de mármol, Manuel sacó de su mochila nueve lámparas de barro hechas en casa para invocar la ayuda de las almas de los muertos. Para preparar este ritual, había comprado nueve macetas de barro pequeñas en los grandes almacenes Zayres ubicados en 87th Avenue y Coral Way. Una vez en casa, escribió el nombre de su cuñado, Antonio, en nueve tiras de papel y las colocó en el fondo de cada maceta. Luego, cada maceta se llenó con un poco de tierra recolectada de nueve tumbas diferentes que Manuel obtuvo del mismo cementerio la noche anterior, usando una pequeña pala de jardinería de siete pulgadas para desenterrar la tierra. Pagó por la tierra dejando en cada tumba removida un centavo de cobre. De vuelta a casa, mezcló en las macetas la tierra de las tumbas y tres tipos de granos de pimienta: guinea, china y negra. Encima de los granos de pimienta derramó nueve cucharadas de *aguardiente*, uno de fábrica. Por último, insertó una mecha de algodón y se vertió aceite de cocina sobre toda la mezcla. Encendió las nueve mechas para pedir a los muertos que ayudaran a que su cuñado se uniera a ellos. Entre esto y la ofrenda a Oggún, Manuel estaba seguro de que su plan para castigar al marido de su hermana por la vergüenza que acarreaba al buen nombre de los De la Cruz tendría éxito.

Solo décadas después, cuando el cerebro del anciano comenzaba a ser carcomido por la demencia, le confesó a Miguelito el propósito del sacrificio que había hecho años atrás. Antonio le había sido infiel a su hermana Adela; no es que la infidelidad haya sido nunca un problema entre compañeros machos. En la mente de Manuel, todos los hombres que no aprovecharon tales oportunidades eran unos *comemierdas*. Como solía decir: *"yo suelto mi gallo, los demás que recojan sus gallinas"*. No, no fueron las aventuras de su cuñado las que avergonzaron al apellido De la Cruz, fue el hecho de que le había contagiado a Adela una enfermedad venérea. Esto era imperdonable, mancillando la pureza de una mujer cubana decente. Entonces, Manuel hizo lo que se esperaba de todos los hombres de honor: le metió una bala en la cabeza a su cuñado. Para todos, el esposo de su hermana la abandonó, se alejó, se fue para siempre, simplemente desapareció. Nunca se identificó a nadie, y además a nadie, especialmente a la policía en la década de 1970, le importaba realmente que otro "sudaca" apareciera muerto junto al río. "Pero *papi,* ¿cómo puedes acabar así con una vida humana?" preguntó Miguelito. *"De la cárcel se sale"*, respondió, *"del cementerio no"*.

Oggún no se dio cuenta de los niños que se acercaban, ni escuchó los chillidos de la niña. Estaba absorto en el momento, complaciendo sus apetitos. Por supuesto, si los niños hubieran tenido ojos para ver más allá del animal, todos habrían gritado en pánico al ver a un poderoso guerrero africano lamiendo el *ashé* restante de la sangre del cadáver. Estuvo rondando por las vías del tren, disfrutando de la fuerza que había obtenido de la sangre derramada. Pero el total éxtasis físico y espiritual del momento fue repentino y bruscamente interrumpido. El *ashé* que Oggún estaba disfrutando felizmente fue literalmente arrancado de sus labios. Tan pronto como Greg se recuperó del impacto inicial del chillido de Sally, se sintió avergonzado. Siendo el mayor del grupo y recién llegado a esa incómoda edad de quince años en la que todavía le gustaba jugar con autos a escala, pero también imaginarse pronto conduciendo vehículos reales, reconoció que esta era la oportunidad ideal para mostrar a sus compañeros que ahora era un hombre, sin miedo a la muerte, incluso si la muerte se representaba en el cadáver de perro. Mientras los niños aún estaban petrificados en su sitio, Greg corrió hacia el perro, lo levantó por la pata y lo lanzó hacia sus amigos. El perro no era grande, pero ya había comenzado el rigor mortis, haciendo que el animal muerto pesara más de lo que Greg esperaba. El cadáver, rígido como una tabla, no aterrizó muy lejos, cayendo unos metros delante de los otros niños. Para no quedarse atrás, Stan y Billy corrieron hacia el perro muerto, cada uno agarró una pata que no se doblaba y se lo devolvieron a Greg.

La comida de Oggún salió volando por la vía. También se desparramaron los dos hierros que Manuel colocó encima del cadáver, que respetuosamente empapó en aceite. Fue entonces cuando notó por primera vez a los niños, especialmente a Greg, que ahora estaba de pie donde una vez había estado su comida. Oggún se enfureció por el insulto. Alcanzó su machete, sus ojos brillaban rojos de ira mientras se elevaba sobre este niño que había osado molestar al poderoso guerrero. Nunca se debe incitar la ira espantosa de Oggún, porque él siempre logra su venganza a través de un sangriento accidente.

Sally y Miguelito se quedaron un poco atrás, sin unirse a la pelea. Estaba asqueada por lo que había visto y por lo que olía cada vez que se movía una brisa. Miguelito sabía que no debía interrumpir una ofrenda, incluso aunque descartara la espiritualidad de sus padres como una tontería. Los chicos se reían y hacían poses con bravuconería, burlándose de él por ser un gato miedoso, temeroso de un perro muerto. Finalmente, Sally terminó con las tonterías. "Suficiente", gritó, usando la mejor voz de maestra de escuela que pudo conseguir. "Dejad esa cosa en paz. Sois unos asquerosos. Vámonos al parque como habíamos planeado". Los tres niños, aparentemente protestando, pero ya contentos de que su repugnante exhibición hubiera terminado, se pusieron en fila y continuaron caminando hacia el campo abierto, pero no antes de que Oggún los atacara.

Levantando su machete hacia atrás por encima de su cabeza, lo descargó con todas sus fuerzas hacia los tres muchachos que estaban convenientemente juntos. Su machete los atravesó a los tres, pero ninguno de ellos sintió nada, ni siquiera se dieron cuenta de la brisa que los azotaba. Como Sally y Miguelito no participaron en este insulto a la honra de Oggún, el machete no los tocó. Pasarían años y décadas antes de que aquellos a quienes les habían cortado el cuerpo y el alma sintieran el golpe. Los *orishas* nunca tienen prisa.

Billy, el menor de los tres sería el primero en experimentar las consecuencias del machete de Oggún. Unos ocho años más tarde sería aceptado en la Universidad Estatal de Florida, ubicada en Tallahassee, la capital del estado, donde esperaba especializarse en ciencias políticas. Liberal, soñaba con entrar en política y luchar por los derechos de los marginados. Mientras conducía hacia el norte con todas sus posesiones terrenales metidas en su Camaro marrón del 75, le dio sueño en el largo y aburrido viaje desde Miami, se salió de la carretera, volcó el auto en la cuneta adyacente y murió al instante.

Stan sería el próximo en sufrir las consecuencias de la ira de Oggún. Casi al mismo tiempo que Billy murió, Stan, que estaba en apuros económicos, se unió al ejército para ganar dinero y pagarse la universidad. Pronto fue enviado a una pequeña isla a cien millas al norte de Venezuela como parte de la Operación "Furia Urgente". Después de asaltar las playas, la unidad de Stan se dirigió a la pista de aterrizaje que los cubanos estaban construyendo donde encontraron cierta resistencia. Durante la escaramuza, una bala disparada con un rifle por un soldado cubano devoto de Oggún atravesó el estómago de Stan. Inmovilizado por el fuego enemigo, los médicos no pudieron llegar a él a tiempo. En esa preciosa tarde de domingo de octubre de 1983 en la hermosa isla de Granada, la energía vital de Stan iba descendiendo dolorosamente bajo el sol brillante hasta que finalmente murió desangrado.

Confesión de Miguelito

Greg, el mayor, sería el último en saborear la venganza de Oggún. Un exitoso ejecutivo de seguros de cincuenta y tres años que vivía en Boston, padre de dos adolescentes y un niño pequeño, sentía que pasaba demasiado tiempo separado de su amada familia. Este día en particular necesitaba volar a Los Ángeles para renegociar un contrato importante y se levantó temprano para coger el vuelo de la mañana cuando aún no había amanecido. Se vistió en silencio y besó suavemente a su esposa en la frente para no despertarla. Después de quince años de matrimonio, todavía estaba enamorado, amándola más ahora que en su noche de bodas. Él mismo condujo hasta Logan en este día inusualmente cálido del 11 de septiembre para subirse al vuelo 11 de American Airlines, un vuelo que haría un desvío inesperado a la ciudad de Nueva York. *Oggún choro choro* - Oggún devora su ofrenda.

Elegir el tono moreno

"No pareces mulato," exclamó la latina. "A mí me pareces bastante blanco. ¿Por qué te haces llamar una persona de color?" Su pregunta traspasó a Miguelito. Demasiado a menudo, el rechazo de su propia comunidad dolía más que la violencia infligida por los niños racistas de la escuela y los fanáticos. Como académico, Miguelito usaría el término "gente de color" como una forma de describirse a sí mismo. Cierto, era lo suficientemente blanco para pasar como uno de ellos. Aun así, nunca sería adoptado ni aceptado por la cultura anglosajona dominante. Toda una vida de experiencias le aseguraron que, independientemente de lo clara que fuera su piel, nunca pertenecería a los blancos. Y, a decir verdad, debido al colorismo, nunca sería completamente aceptado entre las personas de color con tonos más oscuros. "¿Qué significa", se preguntaba a menudo, "ser rechazado por tu propia gente por no ser lo suficientemente latino? Se sentía como un impostor, como si no perteneciera a ninguna parte. No había un lugar que pudiera llamar hogar. Ni en Cuba ni en

Estados Unidos. No había un pueblo al que pertenecer: blancos o morenos. Realmente sufría un trastorno de esquizofrenia al intentar identificarse en dos mentes diferentes.

En cuanto Miguelito pudo, básicamente a los quince años, consiguió empleo en un Burger King. Después de años de alimentar con pastelillos congelados a "cerdos" obesos que nunca estaban satisfechos, pudo ahorrar suficiente dinero para comprar su primer automóvil, un sedán Ford Falcon de cuatro puertas azul cielo de 1960. Quinientos pavos le suministraron un vehículo casi tan viejo como él. Tanto óxido se había carcomido el chasis que comenzó a abrirse un agujero debajo de los pies del conductor, brindando una clara visibilidad de la carretera a medida que pasaba. El vehículo no solo carecía de dirección y frenos asistidos, sino que tampoco funcionaba ninguno de los indicadores. Cada semana ponía cuidadosamente $5 de gasolina y esperaba que esto fuera suficiente. Y cuando conducía, hacía todo lo posible para estimar su velocidad, a veces se equivocaba, como lo demuestran múltiples multas por exceso de velocidad. No importa cuánto enceró Miguelito su preciada posesión para que tuviera un gran aspecto, nunca llego ni de lejos a los modelos más nuevos que otros padres compraron para sus compañeros de clase en Southwest High como regalos de graduación. Así que, iba hasta la escuela y aparcaba al otro extremo de la manzana para esconder la chatarra que había comprado como automóvil.

Cuando era niño y ayudaba a su padre, el superintendente, a fregar los suelos del edificio todos los sábados, Manuel de vez en cuando gruñía: "¿Ves *mis* manos,

Miguelito? ¡Míralas bien, *coño*! Mientras las manos regordetas de Miguelito luchaban por agarrar la fregona, su padre insistía: "puedes trabajar con la mente o puedes trabajar con las manos. *Carajo*, ¿no lo entiendes? Eres un *inútil*. Miguelito estaba obsesionado con las palabras de su padre mientras conducía a su trabajo de día en Burger King o a sus clases de bienes raíces por la noche. Cuando aprobó su examen a los dieciocho años, pensó en los sucios escalones de entrada de los edificios de viviendas en los que había vivido y en la pala doblada y oxidada que su padre le dio para hacer un camino en la nieve a los residentes del edificio. Cuando comenzó a hacer negocios con viviendas mientras sus compañeros de clase se iban de la ciudad a la universidad, pensó en los niños de las peleas callejeras recibiendo una educación mientras él se quedaba atrás ganando dinero para ayudar a sus padres.

Miguelito tuvo un éxito financiero moderado en su nueva empresa: vendió más casas que cualquiera de los otros cincuenta agentes de ventas en la inmobiliarias Red Carpet. "Un niño prodigio", lo llamó el dueño de la empresa mientras el personal, en su mayoría anglosajón, echaba humo de celos. Y con el éxito llegó un vehículo nuevo. Estaba claro que no podía llevar a sus clientes potenciales en un cacharro propenso a toda clase de averías. Con la comisión de su primera transacción, fue a un concesionario de Mercury y compró su primer vehículo nuevo en 1979: el Capri sedan deportivo compacto de tres puertas. Los indicadores funcionaban y no había agujeros en el suelo. Ferozmente rojo con una capota elevable central y una rejilla fija vertical, era todo lo que necesitada el joven muchacho para tener la ilusión de creer que ya había logrado mucho.

Lamentablemente, su intento de ser un coco, marrón por fuera, blanco por dentro, resultó ser mental y espiritualmente dañino. Sus padres, orgullosos cubanos, le transmitían mensajes muy contradictorios. Con la esperanza de que su hijo tuviera un futuro mejor y más seguro, le aconsejaron que fuera lo más estadounidense posible y que se integrara. Pero como inmigrantes, casi sin capacidad para hablar inglés, no pudieron proporcionarle ejemplos sobre cómo lograrlo. Cuando Miguelito tenía veinte años, imitaba ser un anglosajón, tratando de "actuar más blanco" que los blancos reales, ondeando las "barras y estrellas" en cada oportunidad posible. Cambió su nombre a Mike, se afeitaba el rostro por completo, se cortó el pelo con la raya a un lado (el lado derecho, por supuesto), se mantenía alejado del sol y trataba de hablar despacio para ocultar su fuerte acento. A pesar de sus mejores esfuerzos, siguió siendo visto y tratado como un "sudaca". Su patriotismo exagerado y su participación en clubes de empresarios y eventos en organizaciones benéficas tal vez lograron facilitar su escape de la pobreza, pero el coste fue la escisión con su cultura; una dolorosa automutilación que todavía no se ha curado.

A principios de la década de los 80, "Mike" decidió tomarse unas vacaciones y marcharse conduciendo hasta su antiguo barrio de Nueva York, no solo para recordar los doce años que vivió allí, sino para hacer esas cosas turísticas que nunca pudo hacer mientras estuvo en la ciudad. Doce años y nunca subió a lo alto del Empire State Building, ni visitó la

Estatua de la Libertad, ni fue al Museo de Arte Moderno, cariñosamente conocido como el MoMA. Condujo por la I-95 en su auto rojo deportivo; con las ventanillas bajadas, el viento soplaba a través de su cabello ligeramente largo y oscuro, una cinta de ocho canciones de *El Gran Combo* sonaba a todo volumen a través de los altavoces. Cerca de su destino final, mientras estaba en la autopista de peaje de Nueva Jersey en algún lugar al sur de la ciudad de Elizabeth, antes de la salida 13, la policía estatal lo detuvo.

"Buenos días, hijo", el policía de mandíbula cuadrada con corte militar, escondido tras sus gafas de sol reflectantes, comenzó la conversación con cortesía.

"Buenos días", respondió Miguelito. Consciente de que no iba a mucha velocidad, preguntó ingenuamente: "¿Cuál es el problema, agente?"

"Bueno, me temo que estaba conduciendo cinco millas por encima del límite de velocidad". Y sin perder un minuto, pidió permiso para registrar el vehículo. Extraño, pensó Miguelito. ¿No debería simplemente ponerle una multa y dejarle seguir su camino?

Reuniendo todo su coraje, Miguelito le preguntó al policía que era al menos un pie más alto que él, "¿qué es exactamente lo que estás buscando?"

El joven agente, manteniendo una conducta profesional impecablemente educada, respondió: "Veras hijo, los autos deportivos conducidos por hombres latinos con matrículas del condado de Dade son sospechosos de transportar cocaína a Nueva York". Esto era, al fin y al cabo, la década de los 80, una época en la que Miami ostentaba el infame título de ser la capital de la cocaína del país y el principal centro de distribución para el resto de la nación. "Entonces", continuó el agente de la ley, "si da su consentimiento, puedo hacer una búsqueda rápida y después le dejo seguir su camino".

Sin el deseo de crear más problemas para sí mismo, Miguelito accedió. Después de una búsqueda minuciosa y de no encontrar nada incriminatorio, Miguelito recibió una multa por exceso de velocidad y le dejó marchar. No importaba cómo se llamase a sí mismo, en una época en la que la discriminación racial era la norma, Miguelito, fingiendo ser Mike, era sospechoso simplemente por conducir y ser latino. No importaba cuánto buscaba Miguelito la integración. A los ojos de las fuerzas del orden, todavía era y siempre sería parte de las "cucarachas". Uno podría imaginar que habría encontrado tal tratamiento policial problemático, un abuso de poder, un acto flagrante de discriminación étnica. Pero si Mike o Miguelito fueran honestos consigo mismos, fue su reacción posterior la que fue realmente problemática. Mientras continuaba su viaje a la ciudad de Nueva York, un pensamiento pasó por su mente: "Gracias a Dios, la policía vigila para proteger a la sociedad de posibles delincuentes".

No estaba enfadado por tener un perfil étnicamente específico, sino que estaba agradecido de que la policía mantuviera a la sociedad a salvo de supuestos peligros. La mente de Miguelito estaba tan colonizada que no entendía, no podía entender, cómo su identidad se había moldeado y formado por tales experiencias. Fue adoctrinado para verse a sí mismo a través de los ojos de los blancos, aceptando la noción de que poseía la "famosa" naturaleza sospechosa. No quería tener nada que ver con la deficiencia de ser latino, un pueblo acostumbrado a vivir entre ratas y cucarachas. Con toda su fuerza, mente y espíritu, anhelaba la respetabilidad de la clase media blanca. El sueño de este chico del centro urbano era aprender a vivir a gusto en los suburbios avainillados.

Cubanos como Miguelito se convirtieron en los WASPiest Latines (clase media alta latina). Adoptaron una blancura aprendida de una comunidad que los crio para creer que todavía estaban en Cuba y, por lo tanto, eran blancos; negándose a aceptar que noventa millas son suficientes para cambiar la forma en que uno es visto. Al mirarse en un espejo, Miguelito se vio a sí mismo de la forma en que sus padres y la comunidad le enseñaron a verse a sí mismo: blanco. Pero los espejos eventualmente se rompen. Para él, el frágil salón de los espejos se hizo añicos cuando se marchó de Miami con poco más de treinta años con su esposa y sus bebés recién nacidos y se mudó a Louisville, Kentucky, para continuar sus estudios. Incapaz de encontrar empleo en ninguna parte, porque pocos querían contratar a un latino para cualquier tipo de trabajo que no implicara una escoba o una fregona, finalmente le ofrecieron un pequeño salario enseñando español teológico en Boyce Bible College. Un día decidió poner a prueba la capacidad de sus alumnos para pronunciar los colores en español señalando un elemento en el aula y preguntando *"¿Qué color es este?"* Después de señalar varios objetos en la habitación y solicitar numerosas respuestas diferentes, se dio cuenta de que aún tenía que hacer una pregunta cuya respuesta sería *"blanco"*. Al no encontrar nada blanco en la habitación, señaló su piel y preguntó: "¿De qué color es esto?"

Para su asombro y sorpresa, la clase no respondió con blanco, sino que, al unísono, respondió "*moreno*".

Independientemente de cómo su comunidad le había enseñado a ver su reflejo en el espejo, los anglosajones blancos lo veían como moreno y extranjero, mientras que la cultura latina lo veía como blanco y privilegiado. Para los norteamericanos, independientemente de la pigmentación real de su piel, no era blanco porque no era anglosajón. Para la cultura latina, simplemente no era lo suficientemente moreno. Miguelito, como el travestido Changó en busca de una escapada, también era un travestí, pero en su caso, un travestí étnico. En Miami, debido a que la mayoría de los cubanos de piel clara se ven a sí mismos como blancos, tienen el poder de ser blancos. Pero una vez que se van de Miami, como personas trans-étnicas, son considerados morenos. El colorismo de muchos negros y morenos descalificaba a Miguelito como perteneciente a esta etnia, aunque seguía llevando en su cuerpo los estigmas de la violencia racial blanca. Las ilusiones de que su visión para los negocios o sus publicaciones académicas serían suficientes para ser aceptado por la academia blanca se quemaron y se derrumbaron. Él fue y siempre sería otro "*sudaca apestoso*", independientemente de lo amables y políticamente correctos que eran los que se aseguraron de su exclusión.

Pero si *aquí* era un sudaca, entonces *allá* era un *gusano*. Viviendo a la sombra del recuerdo desmembrado de sus padres, trató de olvidar la isla de fantasía de sus orígenes creyendo que era el medio para tener éxito en su país de adopción. Al final, la separación de la isla de sus padres duraría cinco veces más que la de Ulises con la suya. Pero a diferencia de Ulises, que regresaba a un lugar que le era familiar, Miguelito no logró reconstruir ningún tipo de arraigo en las arenas movedizas de los falsos recuerdos de sus padres. Todo cubano en el exilio mayor de cierta edad vive con un trauma particular causado por las penurias de ser un refugiado. La añoranza por un lugar que nunca fue su hogar, mezclada con una nostalgia mitológica, el romanticismo y un odio innaturalmente enseñado hacia varios actores a los que culparon de su cautiverio babilónico, contribuyeron al dolor de no tener *un lugar*, de no poder disfrutar nunca de las suaves brisas marinas de la isla, mientras el sol abrasador se ponía lentamente al final del día. Tenía que vivir en un espacio intermedio donde ambos lados, los capitalistas del norte y los comunistas del sur, rechazaban a Miguelito. Jamás sería aceptado *aquí* porque siempre sería un "sudaca" y si volviera *allá* siempre sería un *gusano*, alguien que traicionó a su patria a favor de los imperialistas *yanquis*, traición de la que se le responsabilizaba a pesar de que apenas andaba o hablaba cuando todo ocurrió.

El rechazo del objeto de su amor y deseo se reforzó la primera vez que paseó con orgullo y júbilo por el *Paseo del Prado*, una hermosa avenida que contenía una vía peatonal central, custodiada a ambos lados por leones de bronce. Al poco tiempo de cumplir los cincuenta, casi medio siglo después de su partida pudo pasear por el pintoresco boulevard hacia la bahía para ver el atardecer y escuchar *el cañonazo de las nueve*. Un *jinetero* joven y demacrado, estafador callejero, apareció de repente de las sombras, tratando de llamar su atención. El joven comenzó a pregonar primero cigarros, luego ron y finalmente los servicios de una mujer o un niño. Después de unos minutos, se hizo evidente que Miguelito no iba a comprar nada. Pero antes de que el *jinetero* se alejara, sobre su hombro izquierdo preguntó, *"¿de dónde eres?"* Miguelito respondió un poco arrogante, sacando pecho que casi reventaba de orgullo: "¡Soy de aquí, de La Habana, soy cubano!". El joven se detuvo de inmediato, se dio la vuelta y se burló con indignación: "Tal vez seas de aquí, pero no eres cubano". Se inclinó tan cerca de Miguelito que cuando soltó estas venenosas palabras, Miguelito sintió que unas gotas de su saliva caían en su mejilla.

Este encuentro fue el primero de muchos que ocurrirían continuamente cada vez que visitaba la isla, y no solo por *jineteros*. Siempre despreciado y bajo sospecha en ambos lados del Estrecho de la Florida, cuando *aquí* es demasiado cubano para ser estadounidense, y cuando *allá*, demasiado estadounidense para ser cubano, Miguelito no se sentía arraigado en ninguna parte. Este trauma de no pertenecer a ningún lugar y su recuerdo constante impedía la curación de la cicatriz enconada de Miguelito, una herida abierta que se mantenía fresca cada vez que le preguntaban de dónde era.

Bailar con Ochún

El apartamento de un dormitorio en el *barrio* estaba abarrotado esa noche por personas que querían hablar directamente con Ochún. Miguelito, un hombre de mediana edad, subió cinco estrechos tramos de escaleras y entró al apartamento 5C, un poco cansado. Ya habían llegado unas cuantas decenas de personas, en su mayoría cubanos, junto con puertorriqueños y dominicanos, y un par de blancos que parecían muy fuera de lugar, benditos sean. Casi todos en el apartamento, excepto Miguelito, trabajaban con salarios mínimos. Muchos se habían apresurado después del trabajo, todavía sudorosos por la caminata de tres manzanas desde la estación de la calle 181 que conectaba Washington Heights con sus empleos: un viaje muy largo hacia el norte en el tren A. Otros, que limpiaban oficinas mucho después de que Manhattan se quedara vacía de ejecutivos, planeaban tomar el mismo tren hacia el sur para comenzar su turno tan pronto como terminaran de consultar con la diosa.

Lo primero que notó Miguelito en el abarrotado apartamento fue la fragancia del incienso, las velas perfumadas y el *agua de florida*, mezclados con los olores corporales sudorosos y perfumados de todos, creando un aroma dulce y conmovedor que no era necesariamente desagradable, aunque el humo del el incienso barato le picaba los ojos. A todo volumen en la radio estaba el último éxito de La Cocodrila: Oya's Funk. Algunas personas se movían con el ritmo mientras charlaban. A medida que pasaba a la sala a través de la cocina, reconoció montones de platos llenos de la comida de su infancia: *arroz con frijoles negros, puerco asado, yuca, plátanos maduros* y, por supuesto, *flan*. Todas las superficies posibles de la diminuta cocina estaban ocupadas. Las paredes del apartamento, donde delicadamente se adherían fragmentos de pintura a base de plomo, necesitaban una nueva capa. La siguiente generación de niños latinos se envenenarían con ello porque los dueños de propiedades en los barrios marginados parecían estar más interesados en exprimir hasta el último centavo de los inquilinos que el reconocer el derecho a una vivienda decente.

Miguelito no asistía a un *bembe* desde su adolescencia. El *bembe* de esta noche, un festival de danza y tambores realizado en honor a un *orisha*, intentaría cerrar la brecha entre los mundos espiritual y físico, permitiendo que los *orishas* tomaran prestado el cuerpo de un devoto y pasaran tiempo en carne y hueso con sus hijos. Los dioses europeos a menudo parecen, en comparación, distantes y alejados, gracias a la filosofía estoica de la espiritualidad que había infectado al cristianismo durante su desarrollo temprano. Pero la santería

202

era diferente. No había nada malo, pecaminoso o miserable en el cuerpo de una persona cuya carne era capaz de experimentar y disfrutar la plenitud de sus sentidos. De hecho, el ser humano era un estado tan deseable que los *orishas* africanos se encarnaban regularmente, uniéndose a los humanos en sus festividades participando en muchas bebidas y bailes. De esta manera, uno podía hablar cara a cara con los dioses y diosas africanos que siempre estaban listos para guiar a sus devotos.

Miguelito tenía gratos recuerdos de haber participado en muchos *bembes* durante su juventud. Latinos y latinas, rechazados y marginados por la educada sociedad blanca, se reunían para celebrar diferentes *orishas* en su fiesta especial. Sus padres habían pasado por los rituales y finalmente habían alcanzado el nivel de *santero* y *santera*. Igual que esta noche, recordó cómo entre treinta y cuarenta personas se apretujaban en el pequeño apartamento de sus padres en Queens, donde un dormitorio, *el cuarto de los santos*, se había dedicado por completo a realizar consultas espirituales. Esto significaba que Miguelito dormía en un catre plegable a los pies de la cama grande de sus padres, y nunca tuvo su propia cama o habitación hasta que su familia se mudó a Miami cuando él tenía catorce años.

Marta, la madre de Miguelito, era devota de Ochún, la deidad de la feminidad. Aunque el mismo Miguelito era hijo de Elleguá, el embaucador, decidió visitar esa noche al *orisha* de su madre. Sus responsabilidades en la escuela de teología donde enseñaba en Denver aún no habían comenzado, por lo que decidió hacer un viaje rápido a la ciudad de Nueva York para la reunión del 8 de septiembre y participar en un *bembe* en la casa de un *santero* de renombre. También asistía a la fiesta porque extrañaba a su madre, quien había muerto varios años antes debido a un cáncer de pulmón. Ella nunca había fumado un cigarrillo en su vida, pero su esposo, el viejo policía, que era un fumador empedernido, había tenido la amabilidad de proporcionarle, a lo largo de muchas décadas, el regalo de convertirse en una fumadora pasiva.

Normalmente, Miguelito se habría trasladado en el metro hasta el Bronx, pero ahora podía permitirse ir en un Uber. El *santero* Pepito, también hijo de Ochún que esta noche llevaba con orgullo el collar amarillo que representa a su *orisha*, dio la bienvenida a Miguelito a su hogar. Vestido todo de blanco de pies a cabeza, la cabellera entre canosa de Pepito le daba un aura de pureza y sabiduría. Había leído uno de los libros del Dr. De La Cruz, el de la santería, y no estaba de acuerdo con muchas de las interpretaciones, pero, sin embargo, pensaba que era una lectura algo decente, si no ingenua. Mientras que en cualquier otra noche hubiera tenido el honor de que un eminente erudito visitara su humilde morada, esta noche la única invitada de honor sería Ochún. Como la mayoría de los hombres cubanos que se esfuerzan por ser machos, Pepito al principio se mostró contrariado cuando descubrió que era hijo de una deidad femenina. ¿Por qué no podía ser hijo de uno de los feroces guerreros, como Oggún con su sed de sangre, o Changó que come fuego? La idea de Ochún montándolo, es decir, tomando posesión de su cuerpo, fue al principio demasiado para su sensibilidad varonil. Temía que algunas personas pudieran pensar que le gustaban los hombres porque

Ochún también es la patrona de las personas gay, lesbianas, bisexuales y transgénero.

Pepito era demasiado pobre para permitirse un apartamento lo suficientemente grande como para albergar un *cuarto de los santos* especial, por lo que la ceremonia se llevaría a cabo en la sala, que había sido vaciada de muebles. Aquí es donde *el trono* sería erigido para honrar a Ochún. A lo largo de las paredes que rodeaban la estantería colgaban enormes cortinas de tela amarilla gruesa, el color favorito de Ochún. Se trasladó una estantería de libros blanca de cinco pies de altura, que generalmente estaba en su dormitorio con toda la parafernalia del *orisha*, y que sirvió como la pieza central del *trono*. Una elegante tela dorada transparente también estaba colocada sobre la parte superior del estante. Apoyado en el estante había un abanico de plumas de pavo real, el emblema habitual de la diosa. Encima estaba *la sopera* de Ochún, una gran sopera de cerámica de tapa amarilla que contenía sus sagrados *otanes*, cinco guijarros escogidos al amanecer del fondo de un río. Estos *otanes* resonaban con el *ashé* de Ochún, descubierto por Pepito al que se la había enseñado cómo escuchar atentamente la presencia del *orisha* en las piedras. También había *soperas* pertenecientes a otros *orishas* presentes al pie del *trono*. Miguelito reconoció una *sopera* blanca para Obatalá, una azul marino para Yemayá y una de cerezo para Changó.

En el suelo, delante de las *soperas*, frente a la estantería había una serie de platos de frutas y pasteles bellamente colocados, incluidos los favoritos de Ochún: pastel de ron, calabaza y miel. Estas golosinas servían como ofrendas de comida cuyo *ashé* sería consumido por el *orisha*, aunque lo más probable es que, si se dejaban fuera durante la noche, serían consumidos por las ratas y cucarachas del apartamento. Además, las ofrendas de comida estaban flanqueadas por muchas flores, específicamente sus girasoles favoritos. Frente a la estantería había una pequeña canasta para recoger ofrendas, bastaría con centavos de cobre. Miguelito, más por costumbre que por respeto, se postró frente al estante, echó cinco centavos de cobre en la canasta como *derecho*, sacudió la campana que estaba colocada al lado de la canasta y besó la alfombra del suelo mugriento. Al poco tiempo de ponerse de pie, empezó el *bembe*.

Alguien apagó la radio en medio de uno de los ritmos de Santana mientras un fuerte golpe de los tambores de cuero indicaba el comienzo de la ceremonia. En una esquina de la sala estaban los tres tambores rituales sagrados llamados *batáa*. A través de los tambores, los mensajes de los fieles llegan al oído del *orisha* con la esperanza de inducir a Ochún a responder en persona. A veces se hacía la tímida y se negaba a unirse a las festividades que se celebraban en su honor. Debido a que los tambores mismos están habitados por un *orisha*, Miguelito, junto con todos los demás en el apartamento abarrotado, se aseguraron de no darles la espalda. La primera canción que retumbó en el diminuto apartamento simplemente honraba al santo, por lo que nadie bailó; en cambio, todos se pusieron de pie y se movieron al ritmo para mostrar respeto. Luego, los tamborileros tocaron un ritmo invitando a Ochún a poseer a uno o más de los danzantes. Cualquiera que haya pasado por el ritual de iniciación para convertirse en practicante puede ser poseído. El ritmo ahora sonaba de manera seductora, con cada golpe del tambor estremeciendo el alma más íntima de aquellos que se movían con él. Era como si cada golpe de tambor enviara una descarga eléctrica de bajo voltaje por todo el cuerpo. La habitación se calentó. Varias personas comenzaron a bailar, lentamente al principio, luego en éxtasis, sin aliento. Gotas sudorosas volaban entre los cuerpos que giraban y se retorcían. Miguelito se sintió mareado. El tiempo se derritió y todos respiraron con más fuerza mientras bailaban, anticipando la llegada de Ochún. ¡Seguramente que vendría esta noche!

Cuando un *orisha* tarda en aparecer, los tamborileros empiezan a cantar canciones insultantes o provocadoras, como qué fea es realmente Ochún. Ofendida, la *orisha* inmediatamente posee a uno de sus hijos para reprender el descaro. Los tamborileros cambiarán rápidamente a halagos para aplacar a la *orisha* enojada. En otras ocasiones, alguien puede impacientarse e intentar imitar una posesión, desplomándose en el suelo extasiado. Pero los presentes con décadas de experiencia generalmente saben si alguien está fingiendo, por lo que simplemente ignoran al impostor para su propia vergüenza, quien después de un tiempo debe ponerse de pie sin ayuda. Esta noche, sin embargo, nadie parecía estar jugando.

Entre los bailarines destacó Pepito, el anfitrión. Dio vueltas y vueltas como si estuviera en trance. Pepito, que trabajaba en la construcción, era un hombre corpulento, musculoso, con una barriga abultada y una piel correosa color café, producto del mestizaje de sus ancestros y reforzado por años de trabajo bajo un sol implacable. Mientras Pepito giraba en círculos, todos en la sala comenzaron a concentrarse en canalizar su *ashé* hacia él. Bailaba como Ochún, sensual y sugerente, agitando los brazos para hacer tintinear sus imaginarios brazaletes de oro. Con sus manos, "ella" comenzó a frotar su cuerpo mientras empujaba sus caderas en dirección a todos los hombres en la habitación. Esta sensualidad de género fusionó lo físico con lo metafísico, lo que dificultaba determinar dónde terminaba Pepito y comenzaba Ochún. Miguelito se quedó allí hipnotizado, presenciando la transformación frente a sus propios ojos. Este hombre tan macho comenzó a exhibir características extremadamente femeninas en un baile estilizado y seductor. Entonces, Pepito se echó a reír, una risa que se alargó hasta la eternidad. Ochún definitivamente había llegado. Muchos empezaron a saludarla con las palabras, *"yeye dari yeyeo."* Pepito tal vez había empezado la danza, pero Ochún la finalizó.

Cumpliendo su propósito, el tamborileo finalizó con un fuerte golpe del mayor de los tres tambores, el *iya*, que está rodeado de pequeñas campanas. El silencio llenó la habitación cuando Pepito, ahora poseído por Ochún, se derrumbó en el suelo. Varios se apresuraron a ayudarla. La levantaron gentil y respetuosamente y la guiaron a la habitación contigua para prepararla para su pueblo. El resto esperaba impaciente su regreso. Debido a que Ochún es la patrona del oro, muchos habían venido a pedirle ayuda económica. Pero ella también es la diosa del amor, por lo que otros acudían en busca de ayuda con sus relaciones. Cualquier cosa que sus hijos pidieran, ella siempre era generosa y estaba deseando conceder sus peticiones. A diferencia de los demás, Miguelito no vino en busca de riquezas ni de amor. Vino buscando sabiduría acerca de su propia espiritualidad. El hecho de que los dioses no existan no significa que uno no deba creer en ellos. *Hay que respetar a los santos.*

Esperaron pacientemente mientras el tiempo se negaba a pasar. Finalmente, Pepito como Ochún salió de la habitación completamente vestido. Los tamborileros, los primeros en verla entrar a la sala, comenzaron a cantar canciones de alabanza. Las miradas de todos, incluida la de Miguelito, estaban clavadas en Pepito, mientras, Ochún se movía altiva entre ellos como reina, la gran dama del dominio. Mientras saludaba a todos en la sala, se hizo más difícil ver a Pepito porque la transformación era muy completa. Ochún eclipsó las limitaciones del cuerpo de Pepito. Todo lo que Miguelito vio fue a Ochún, deslizándose con gracia de un devoto a otro, deteniéndose de vez en cuando para susurrar consejos al oído de algunos creyentes, coqueteando con otros, amonestando a algunos por su infidelidad y exigiendo sacrificios de otros buscando el perdón.

Entre la multitud había una joven menuda de poco más de veinte años involucrada en una tórrida aventura con un hombre mayor casado de treinta y tres años que tenía varios hijos pequeños. Deseaba desesperadamente que él dejara a su familia y le fuera solo fiel a ella. Él, en cambio, estaba más interesado en quitarse de encima una molestia que duraba siete años. Si hubiera estado presente un ministro cristiano, fácilmente habrían condenado a la joven como ramera y destructora de familias, ignorando la complicidad del hombre.

Pero Ochún mostró gran compasión ante esta alma atormentada, porque ella sabía lo que es enamorarse de un hombre casado. Ochún está profundamente enamorada de Changó, cuya pasión siempre es satisfecha por los demás. Y aunque Changó no era su único amante, él era por quien suspiraba. Entre sus amantes se encuentra el gran adivino Orúnla, con quien estuvo casada hasta que conoció a Changó. También tuvo un romance con el *orisha* de la guerra, Oggún, quien era el archienemigo de Changó, sin mencionar los romances con Ochosi, dios de la caza y Oko, dios de la agricultura. Sus dotes como sirena eran indiscutibles. Debido a sus múltiples aventuras, Ochún poseía una visión profunda de los desafíos y complejidades causados por las difíciles dinámicas de las relaciones. Miguelito escuchó a Ochún decirle a la joven que estaba parada a su lado que escribiera el nombre de su amado en un papel y lo colocara en una calabaza hueca junto con miel y otros ingredientes. Después de cierto tiempo, la mujer debía llevar la calabaza al río como ofrenda.

Los poderes de seducción de Ochún son legendarios. A través de su ultra feminidad, una vez fue capaz de salvar la civilización. Cuando Oggún, el dios de los metales buscó el autoexilio como ermitaño después de su ofensa incestuosa, se produjo un gran desequilibrio en la armonía del mundo y la civilización se paralizó. Preocupados, todos los *orishas* trataron de sacar a Oggún del bosque, pero fue en vano. Sin nada más que perder, Ochún, la más joven de los *orishas*, decidió atraerlo. Llenó su calabaza con miel, se ató cinco pañuelos de seda alrededor de la cintura y se dirigió al bosque. Oggún podía escuchar el tintineo de sus cinco brazaletes de oro en la distancia, chocando entre sí. No queriendo ser descubierto, se escondió rápidamente pero no fue lo suficientemente rápido. Ochún lo vislumbró agachándose detrás de unos arbustos, de todos modos, ella fingió no verlo. Cuando estuvo lo suficientemente cerca para detectar su aroma almizclado, comenzó a bailar, balanceando sus sensuales caderas de lado a lado, en perfecto ritmo con la suave melodía de amor que estaba tarareando. Sus tentadores movimientos hechizaron al poderoso Oggún. Olvidando su compromiso de vivir la vida de un ermitaño como un castigo autoimpuesto por su pecado incestuoso, asomó la cabeza por detrás de los arbustos donde se escondía para tener una mejor vista. Pero antes de que supiera lo que estaba pasando, Ochún rápidamente sumergió sus dedos largos y delgados en su calabaza de miel y los untó en sus labios.

¿Quién puede resistirse al sabor de la miel de Ochún? Cegado por la ardiente lujuria, Oggún comenzó a seguir a la tentación seductora. Todavía fingiendo no notarlo, ella cantó y bailó, moviéndose muy lentamente hacia el borde del bosque. Cada vez que parecía que se estaba cansando, ella rociaba más miel en sus labios. Durante cinco días mantuvo este baile seductor hasta que finalmente llegaron juntos al límite del bosque. Untando en sus gruesos labios una dosis extra de su miel, lo condujo fuera del bosque como si estuviera atado con una correa imaginaria. Por un momento, la dureza del hierro cedió ante la suavidad del agua y todos los demás dioses y diosas lo celebraron, organizando una gran fiesta en la ciudad de Ife. Oggún pronto volvió a su fragua a trabajar, permitiendo que la civilización avanzara nuevamente. Sin embargo, incapaz de olvidar la seducción de Ochún, él la añora desde entonces, mientras sigue trabajando sin cesar.

Pepito, ahora Ochún, comenzó a bailar con coquetería, convirtiéndose en el centro de atención. ¡Ay, cómo le gustaba bailar a Ochún! Comenzaba con un hombre, luego agarraba a una mujer y la hacía girar, luego bailaba con otro hombre, en un momento lo besaba en la boca. En medio de su alegría, sus ojos se encontraron con Miguelito. Sonriendo, ella bailó lentamente hacia él. Al mostrar atención a Miguelito, Pepito le agarró con sus poderosos brazos musculosos por años de trabajo pesado en las obras de construcción. Entonces Ochún lo hizo girar como si fuera un niño pequeño. Antes de convertirse en profesor de religión o incluso de casarse, Miguelito había sido un bailarín disco ganador de premios durante los años 70, conocido por sus movimientos acrobáticos; pero esta noche, pasó apuros para mantener su ritmo, aferrándose a duras penas en equilibrio porque nadie puede bailar más que Ochún, con la posible excepción de su amante Changó.

La cultura *machista* de Miguelito lo condicionó a sentirse incómodo bailando con otro hombre, pero cuando miró a Pepito a los ojos, todo lo que vio fue la inteligencia de Ochún perforando lo más profundo de su ser. La belleza de sus ojos chispeantes brillaba a través de los apagados de Pepito. Miguelito se sintió tranquilizado, amado y con una euforia espiritual desde lo profundo de su cariño. Justo en ese momento, recordó por qué había venido. Como si le leyera la mente, Ochún le ronroneó al oído: "*mi hijito*, no estés tan tenso. Relájate. Se por qué has venido esta noche y he estado esperando ansiosamente charlar contigo". Tomando su mano, lo llevó al dormitorio para una consulta privada. Dejaron al grupo con su alegría, entrando en la modesta habitación atestada de muebles que en su momento habían ocupado la sala de estar. Ochún se tendió provocativamente sobre la cama, usando un par de almohadas para apoyarse. Miguelito se sentó en un taburete de madera junto a la cama.

Comenzó expresando educadamente su gratitud por el tiempo que ella iba a dedicarle, pero luego no pudo evitarlo e inmediatamente se sumergió en una discusión intelectual. ¿Podría alguien realmente culparlo por su impertinencia? La formación para convertirse en un estudioso de la religión le había hecho olvidar la breve charla educada que en su momento había dominado como vendedor. Comenzó, con bastante rudeza, preguntando ¿por qué tuvo la diosa que decolorarse a un tono de piel más claro cuando se fue de África, y luego otra vez cuando dejo Cuba para irse a Estados Unidos? ¿Por qué se había vuelto tan blanca que las estatuas de La Virgen del Cobre la representan como una mujer blanca de tez pálida con ojos azules? ¿Tan importante era que los esclavistas racistas la aceptaran? ¿No deberían los que no eran negros aprender a reconocerla por lo que es, negra y hermosa? Miguelito estaba profundamente preocupado, tanto por lealtad a sus raíces culturales como ahora por ser un erudito capacitado, sobre cómo la Santería se había alejado más de sus raíces africanas y no mostraba señales de regresar. Si simplemente se esperaba que los africanos que se habían convertido al cristianismo adoraran a un Dios blanco, ¿por qué los blancos no pueden simplemente aprender a adorar a un *orisha* negro?

Miguelito, el erudito, había leído suficientes libros de Teoría crítica de la raza y Poscolonialismo como para estar molesto con los europeos como sus ancestros, apropiándose de las tradiciones de los *orishas*, fácilmente compradas con sus dólares de turistas culturales. Lo que realmente molestaba a Miguelito fue cómo sus colegas blancos, erigiéndose como expertos, habían interpretado, o más bien "re"interpretado, la tradición de la fe Yoruba a través de definiciones basadas en Europa sobre lo que debería ser una religión. Con cada explicación posterior que dieron sobre la santería, redefinieron la fe en algo cada vez más alejado de sus orígenes. Su ubicación social privilegiada era tan diferente de la de los marginados que se dedican a los *orishas* que Miguelito temía que su cultura estuviera siendo secuestrada ya que los símbolos religiosos con los que creció estaban adquiriendo significados distintos, creando un posible peligro si al final se utilizaban en contra de su gente.

Al traspasarle con la mirada, Ochún simplemente respondió: "¿Es tu preocupación únicamente intelectual, o solo estás molesto con algunas de las críticas que has recibido de los blancos sobre tus escritos sobre la santería?"

"No sé. ¿Quizás?" Miguelito respondió tímidamente, molesto por la rapidez con que Ochún había descubierto sus motivos. Es verdad, encontraba la audacia de los no cubanos corrigiendo su cubanía francamente insultante. Ha sido latino mucho más tiempo que sus colegas blancos que afirmaban conocer su cultura mejor que él.

"Aye Miguelito, no quieras tapar el sol con un dedo", continuó Ochún, "Aquí estás, profesando lo mucho que te preocupa que la santería se aleje de sus raíces cuando dejaste esta fe hace ya mucho tiempo. Cuando tú mismo intentaste volverte blanco. ¿No te convertiste en un ministro baptista del sur? De verdad, vienes aquí, preocupado porque la fe se anglicaniza y mi color de piel se aclara, pero luego te unes a una de las religiones más blancas y anti latinas de los Estados Unidos. Vamos, esa conversión tuya de renacer es un concepto muy blanco, ¿no? Por supuesto, los blancos tienen que nacer de nuevo, nunca fueron educados para ser uno con la creación terrestre que los rodea desde el principio, sino que miran al cielo en busca de sus dioses. Te quejas de anglicanizar la santería, pero eres tú quien usa conceptos blancos de fe y enseñas a otros a hacer lo mismo en esa escuela liberal blanca donde enseñas. ¿No ves lo poco sinceras que son tus preocupaciones? ¿No ves por qué no puedo tomarte en serio?"

¡Vaya! Eso ha dolido. Miguelito sintió el daño hasta sus huesos. *"Coño Cachita no jodas,"* Miguelito respondió secamente y algo agitado: "Sabes que no abandoné la religión de mis padres, ni le di la espalda a mi herencia, de la cual es parte la santería. El hecho de que no crea no significa que no haya decidido tener fe."

Con una mirada lo suficientemente fuerte como para cortarle el alma, dejó escapar una risa sarcástica y se burló con una frialdad de acero en su voz: *"Mira Miguelito, no comas mierda"*. Al instante se dio cuenta de que había ido demasiado lejos y probablemente no debería haber maldecido a la diosa. Si ella existía o no, no era el problema, debería haber mostrado respeto. Ella continuó: "¡El secreto de la vida es y siempre ha sido el amor! Es el amor lo que motiva mis acciones. ¿A ti qué te motiva? ¿La envidia, la codicia, vergüenza, culpa? A diferencia de ti, porque amo, siempre me esforcé por ayudar a todos, sin importar si me conocen o no. Todo lo que quiero es que vosotros, los humanos, viváis en armonía con vuestro destino. Realmente necesitas superar esa mentalidad de "nosotros contra ellos". Todos tienen el potencial de ser hijos de los *orishas*. ¿Importa en realidad si me conocen personalmente? ¿O que incluso crean? Estoy aquí preparada para ayudarlos en sus pruebas y tribulaciones, cada vez que miren más allá de sí mismos hacia el otro mundo para lidiar con las dificultades que les trae la vida. Mi amor es más grande que el ego del reconocimiento. Realmente no me importa si me llaman Ochún, o La Virgen de la Caridad, o Afrodita o Venus o Lakshmi. No me importa si me ven negra, *mulata*, blanca o verde. Lo que es primordial son las necesidades y las dificultades de mis hijos. Porque si no hay devotos, no puede haber Ochún, o como quieran llamarme los humanos."

"Bien, bien, tranquila," trató de calmarla Miguelito, pues se notaba que cada vez estaba más alterada. "Todo esto tiene sentido, pero ¿por qué te blanqueas solo para pasar desapercibida entre los blancos? ¿No ves el daño causado? Hoy, cuando se vuelve a contar tu historia, a menudo se te representa como una figura blanca, de cabello rubio y ojos azules. Y no solo te blanqueaste por completo, también lo hicieron los hermanos taínos en el bote de remos, que se transfiguraron en dos españoles blancos y Rodrigo se transformó en un español calvo, barbudo y de cabello blanco

también llamado Juan. La historia original se convirtió en la leyenda de los tres Juanes: uno que es negro y los otros dos blancos, borrando así a los indios de la historia y dejando una representación africana menor en forma de niño".

"¿Cómo puedes hacerme responsable de cómo otros interpretan la realidad?" preguntó Cachita. "Además, no estaba motivada para simplemente complacer a los blancos. El tono de piel cobrizo que elegí se basó en algo más que una simple estética. Tomé la decisión consciente de *no* aparecer ante mis súbditos con la misma pigmentación de piel que sus dueños de esclavos blancos, quienes fueron responsables de introducir tanta miseria y destrucción entre mis devotos. En cambio, aparecí como el color de la muerte y la vida. El color de la muerte porque era el color del cobre que se extraía en las minas y que probablemente fue el responsable de la destrucción de mis hijos. Pero también, el color que representa la nueva vida, los relegados a ser los marginados económicos y raciales, los que conformarían el nuevo pueblo cubano, una mezcla literal de blancos y negros". No había frotado su miel en los labios de Miguelito, pero de todos modos él se sintió seducido, tentado a seguir su lógica y explorar las nuevas posibilidades intelectuales que presentaban sus palabras.

Sacudió la cabeza para aclarar sus pensamientos contra el poder de seducción que emanaba de su cuerpo vestido de oro. Pero qué hay de su blanqueamiento, pensó obstinadamente Miguelito. Ella respondió recordándole que no tenía más remedio que convertirse en La Virgen del Cobre para que todos los cubanos, incluidos los antepasados conquistadores de Miguelito, pudieran reconocerla como su madre.

"¿Honestamente crees", preguntó, "que la santería en la que creciste es la misma con la que me adoraban en África? ¡Por supuesto que no! Unas 1.700 deidades eran adoradas en la tierra Yoruba, pero solo unos pocos de nosotros, unos veinticinco, acompañamos a nuestros seguidores al Caribe. De estos, igualmente, solo unos pocos continuaron el viaje a Estados Unidos en la década de 1960. Siete de nosotros: Obatalá, Elleguá el tramposo, Orúnla el adivino, Changó el gobernante guerrero del relámpago, Oggún el dios de la guerra y el hierro, Yemayá la reina del océano, y yo nos convertimos en los más destacados, conocidos como *las siete potencias africanas*."

"¿No recuerdas", continuó, "cómo durante el éxodo del Mariel de cubanos negros y birraciales desde la isla en la década de los 70 se sorprendieron al ver cómo una comunidad de exiliados cubanos de Miami predominantemente blanca practicaba la santería? ¿Cuánto se había comercializado? ¿Cuántas pequeñas tiendas abrieron por toda la ciudad para vender estatuas, túnicas, piedras, joyas de cuentas, instrumentos musicales, incienso y animales vivos para el sacrificio con tal de sacar beneficio? ¿Por qué deberíamos sorprendernos de estos cubanos blancos, que intentaron generalizar la santería restando importancia a los elementos africanos y destacando conceptos más cercanos al pensamiento cristiano, hasta el punto de comprar un edificio de la iglesia para poder reunirse y adorarme como lo hacen los cristianos? ¡Como si cualquier estructura pudiera albergar a un *orisha*!"

"Todas las creencias religiosas", sostuvo, "están destinadas a cambiar con cada nueva generación para satisfacer las necesidades de las personas que viven en diferentes épocas bajo circunstancias imprevistas. Cuba no era África, así que la forma en que se practicaba la religión en Cuba tenía que ser diferente a la forma en que se llevaba a cabo en África. Los símbolos, los rituales y las creencias debían cambiar para hacer frente a los nuevos conflictos que surgían en un nuevo entorno. Simplemente porque tus antepasados españoles influyeron en la religión para que yo pudiera ser descubierta por ellos no significaba que abandonara a mis hijos africanos".

Ella continuó su análisis con persistencia. "Y tú, Miguelito, eres igual de culpable de todo esto, por eso Pepito tiene verdaderas dificultades con tu libro sobre la santería. Esto no significa que abandone a los cubanos blancos. Así que, dime: ¿cómo podemos los *orishas* aceptar a las comunidades africana y cubana, así como a la comunidad anglosajona, si te niegas a lidiar con las barreras culturales que dividen tu propio ser o la discriminación racista y étnica que prevalece en tu vida social?

Sí, sus palabras eran tentadoras, pero Miguelito no estaba de acuerdo. Parecía estar bien con los blancos, que además tenían el poder de interpretar la fe de sus esclavos. Trató de presionarla sobre este punto, pero ella continuó con su diatriba. "Sé que te preocupan conceptos como el de la liberación, tal como lo definen los blancos", respondió ella, "pero, francamente, mis hijos solo están tratando de sobrevivir. Ya sobreviviste y tienes un trabajo bien pagado

219

como profesor por lo que puedes darte el lujo de dejar atrás dioses y pensar en utopías seculares. Pero mira a tu alrededor, mira quién vino esta noche a honrarme. Mis hijos solo están tratando de poner comida en la mesa. A diferencia de ti, yo estoy presente en sus penurias tratando de hacer algo, no escribo sobre ello desde mi estamento seguro. Además, ¿no has insistido en que la liberación también es para el opresor? Estoy de acuerdo. No solo estoy aquí para restaurar la humanidad arrebatada a mis devotos; sino también restaurar la humanidad de aquellos que la perdieron a causa de lo que robaron. Entonces, ¿por qué cuestionarme cuando extiendo mis brazos abiertos a los anglosajones, y antes de ellos a los españoles blancos? No seas tan rápido en juzgar."

"*Ya*", dijo abruptamente, "vamos a terminar esta conversación. Necesito volver al *bembe* y ayudar a mis devotos. Tienen necesidades físicas a las que debo asistir, más importantes que tus curiosidades intelectuales. Espero sinceramente que hayas disfrutado de nuestro baile".

Con eso, Ochún se puso de pie de inmediato, indicando que la consulta había terminado, aunque había mucho más que Miguelito quería preguntar. Según se levantó de su taburete, ella lo abrazó inesperadamente, abrazándolo fuerte. En los brazos trabajadores de Pepito, lo suficientemente cerca como para oler el aroma de un cigarro barato en su aliento, Miguelito de repente se perdió en su suave abrazo maternal. Estaba algo desconcertado, principalmente porque, como la mayoría, solía descartar a Ochún como la diosa del amor por excelencia, un *orisha* que está más interesada en los placeres sensuales de la carne. Pero mientras ella lo mecía en sus brazos, él sintió que se transformaba en Ibú Akuaro, uno de los cinco avatares de Ochún que se enfoca en proteger ferozmente a los niños. Miguelito apoyó la cabeza en su ancho hombro, como cuando de niño hacía lo mismo con su propia madre, acurrucándose allí más de lo debido. Con los ojos cerrados, estaba nuevamente en los brazos de su propia madre.

Mientras estaban allí, Ochún se acercó a su oído y le susurró: "Te amo y te echo mucho de menos". Cálidas lágrimas comenzaron a rodar por el rostro de Miguelito. Él la abrazó con más fuerza, no queriendo que el momento pasara. Sí, el amor puede derretir el intelecto rígido. Después de un momento, ella le separó y se fue, dejándolo solo en la habitación vacía. De nuevo tuvo que sentarse en el pequeño taburete, calmar sus sollozos y ordenar sus pensamientos. No estaba seguro de por qué no podía dejar de llorar. Tal vez fue porque extrañaba a su madre más de lo que creía y estar en la presencia de Ochún le trajo recuerdos vívidos de ella. O tal vez simplemente echaba de menos las raíces de su cultura más de lo que pensaba. Al fin y al cabo, se sentía más cómodo en el *bembe* que en esos cócteles sofocantes de la facultad. Pero ya no era esa pobre rata callejera de *barrio*. Ahora tenía la respetabilidad de la clase media y el privilegio educativo. El capital cultural que se obtenía al obtener el doctorado hacía imposible regresar verdaderamente al antiguo barrio. Se diferenciaba tanto como los pobres blancos que habían asistido esa noche al *bembe*. No pertenecía a su propia gente ni sería realmente aceptado por sus colegas blancos. Y fue en ese momento, en la habitación a oscuras de un edificio en ruinas en el Bronx, cuando se dio cuenta de que tal vez la diosa negra no era la única que se había blanqueado demasiado.

Traiciones

Caín y Abel, Kulabob y Manup, Rómulo y Remo, Oggún y Changó, todos hermanos de sangre en perpetuo combate. La animosidad entre algunos hermanos es profunda, como en el caso de Oggún y Changó. Este último odia al primero por violar a su madre, mientras que el primero odia al segundo por seducir a su esposa. Con demasiada frecuencia, los enfrentamientos entre hombres se libran en el campo de batalla por los cuerpos de las mujeres. Por las mujeres, los hombres flexionan sus músculos invadiendo la propiedad de los demás. ¿Qué mejor manera de mostrar dominio que ocupar su propiedad, sustituirlos en la cama, plantar sus semillas en el campo de otro hombre? No importaba que Oyá fuera una poderosa guerrera por derecho propio. Se la veía como una extensión de Oggún. Para Changó entrar a su jardín y beber la dulzura de su fruto maduro más preciado saciando su sed lujuriosa fue un desafío directo al machismo de su hermano.

Pero el hecho de que el mundo gire en torno a los principios patriarcales no significa que las mujeres se queden sin hacer nada o sean inocentes. Algunas, como Ochún, han aprendido a manipular a los hombres con la miel de su calabaza, de modo que cuando frota los labios de los hombres con su dulzura almibarada, se vuelven como masilla en sus manos. Ya hizo esto no solo a los hombres, sino también a los dioses, incluso a la deidad más poderosa que existe, Olodumare. Su manipulación del Creador de todo ocurrió cuando el orisha Babalú-Ayé enfrentó la ira de Olodumare. Conocido durante su juventud por ser un cazador de faldas indomable, Babalú-Ayé pasaba su tiempo entregándose a placeres licenciosos. "Babalú-Ayé, ¿qué regalo te gustaría?" Olodumare preguntó cuando estaba repartiendo poderes a los diferentes *orishas*. La deidad inmadura respondió frívolamente: "Quiero convertirme en el amante de todas las mujeres". Desalentado por la inmadurez de Babalú-Ayé, Olodumare, sin embargo, accedió a su demanda, con una sola estipulación: "Nunca se puede tocar a una mujer en jueves durante la semana de Pascua".

Qué restricción más pequeña, pensó Babalú-Ayé. No tuvo dificultad en obedecer fielmente el edicto de Olodumare hasta el día en que conoció a la mujer más hermosa que jamás había visto, y resultó ser durante la semana de Pascua. Para ese jueves, ambos estaban disfrutando de los placeres desenfrenados de sus cuerpos. Cuando la noticia del desafío de Babalú-Ayé llegó a Olodumare al día siguiente, el Todopoderoso se indignó. En su ira desató enfermedades, dolencias y todo tipo de pestes sobre la humanidad. Por la desobediencia de Babalú-Ayé, epidemias y pestes entraron en la tierra, comenzando por el mismo perpetrador, cuyo cuerpo

De La Torre

pronto se cubrió de forúnculos y llagas que supuraban pus maloliente. Bubones incurables del tamaño de huevos de gallina se desarrollaron en su ingle, cuello y axilas, lo que le dificultaba moverse. Pronto, el hedor de la carne en descomposición se cernió sobre él. Dondequiera que iba el *orisha*, lo seguían perros que lamían sus heridas. La gente retrocedió con disgusto y horror. Era repulsivo para todos, especialmente para las mujeres. Aunque se sentía culpable y avergonzado por ser la causa de las enfermedades que habían llegado al mundo, poco podía hacer porque ahora luchaba simplemente por mantenerse con vida. Con el tiempo, las enfermedades vencieron a su cuerpo. La gente lloró su fallecimiento, más aún las mujeres.

Las féminas del mundo, más entristecidas por la ausencia de su amado que por la muerte de Babalú-Ayé, le pidieron a Ochún que encontrara la manera de retroceder la maldición de Olodumare. Si alguien podía influenciarlo para que cambiara de dirección sería la gran seductora. Ella se dirigió a la cabaña de Olodumare con el pretexto de buscar ayuda sobre el descarriado Changó. El incauto Creador la recibió en su casa. Mientras le servía el té, tomó la calabaza escondida debajo de su falda y mojando sus dos dedos en la miel almacenada, esparció rápidamente la dulzura en los labios de Olodumare. Inmediatamente se despertó con pasiones abrumadoras que habían estado dormidas durante eones.

"¡Dame más miel!" Olodumare, encantado e intoxicado, rogó: "Nunca me había sentido tan vivo con mi cuerpo hormigueando en áreas que pensé que estaban muertas a los sentidos". Ella, sin embargo, retuvo su dulce elixir hasta que

225

su ruego fue concedido. "Puedes saciarte de mi dulce miel", susurró, "si como el bíblico Lázaro, traes a Babalú-Ayé de vuelta de entre los muertos". Agradecido de experimentar tan deliciosos impulsos olvidados hace mucho tiempo, Olodumare accedió de inmediato a la petición de Ochún. Aun así, se negó a quitarle las llagas al *orisha*. Curado, pero aún con las heridas de su locura, se dirigió a Arará en Dahomey, donde fue proclamado por la gente del pueblo como su rey y gobernante. Como ya no podía seducir a las mujeres, dedicó su vida a cuidar a los afligidos por enfermedades. Aunque la muerte fue causada por su temeridad, Babalú-Ayé renació, obteniendo una nueva oportunidad debido a los poderes seductores de Ochún.

Pero no todo su don de seducción se utilizaba para el bien de los demás. También era capaz de crear una crueldad increíble. Su astucia como eterna tentadora nunca debía subestimarse. No solo se salía con la suya a través de su intuición sensual, sino también a través de sus astutas artimañas. Podría haber tenido cualquier dios o humano que quisiera, sin embargo, pasó sus días añorando al adúltero Changó, quien estaba desposado con otra. Los recuerdos de las horas pasadas en su cama, presionando sus pezones contra la dureza de su cuerpo esbelto y musculoso mientras acariciaba suavemente su cabello, fueron suficientes para dejarla tan mojada como el rocío de la mañana. Podían ser amantes apasionados, pero él seguía casado con Obba, su legítima esposa, sin querer dejarla o abandonarla, a pesar de que la pasión de esa unión se había extinguido hacía ya mucho tiempo. La idea de él acostado con ese personaje frío enfureció

226

más a Ochún. Antes de aceptar a la tempestuosa Oyá como su amante y convertirla en su predilecta, Ochún estaba bajo la alusión de hacer de Changó algo exclusivamente suyo. Pero primero, tenía que eliminar a Obba de la ecuación, por cualquier medio que fuera necesario. Después se concentraría en hacer lo mismo con Oyá.

Obba es la *orisha* de las aguas tranquilas de lagos y lagunas. Como aguas estancadas, sus actos amorosos consistían en acostarse tranquila en sumisa obediencia a sus deberes de esposa hasta que su esposo estuviera satisfecho. Desafortunadamente para ella, la liberación sexual no es lo mismo que la satisfacción. Changó, el mujeriego incorregible, se cansó rápidamente de ella, insatisfecho por la falta de pasión sensual que experimentaba habitualmente con su aventurera sexual, Ochún. Con el tiempo, Obba empezó a sentirse abandonada por su marido. Pobre Obba, no se dio cuenta de que una mujer, independientemente de quién fuera, nunca sería suficiente para su marido adúltero. Sin importar su terrible reputación, Obba, la esposa siempre fiel, realmente creía que todavía tenía el deber de esposa y tenía que honrarlo y respetarlo. Sí, los chismes de la gente del pueblo la marcaron profundamente, y la idea de que su esposo encontrara consuelo entre las piernas de otra mujer le rompió el corazón. Pero lo que de verdad le causó un dolor inconsolable fueron los rumores de que Changó también había elegido a su hermana Oyá como su nueva amante. Y, sin embargo, porque lo amaba, todavía anhelaba su hambre lujuriosa, que ahora se entregaba tan libremente a otras mujeres.

Al detectar que la atención de su ardiente esposo se estaba enfriando, la mansa y desprevenida Obba reunió el poco coraje que tenía y buscó el consejo de Ochún, completamente inconsciente de que esa misma persona también había disfrutado del placer con su esposo. ¿Quién más que la diosa de Eros, razonó, podría brindarle buenos consejos sobre cómo satisfacer a su hombre? Perdiendo toda esperanza, todavía pensaba que podría aprender a incitar la pasión en su monótono dormitorio. Con la miel goteando de sus palabras, Ochún había brindado esperanza a los desesperanzados: "Dime el deseo de tu corazón y me aseguraré de que lo logres", arrulló. ¡Qué ingenua y triste era Obba, no sólo para hacer que el deseo de un hombre pudiera satisfacer su corazón, sino también por confiar en quien ya la estaba traicionando! Ochún, tranquilizándola con halagüeñas palabras, engañó a la desesperada Obba con una solución engañosa. Primero, se compadecieron juntas de la infidelidad de los hombres que tanto amaban. Sí, de hecho, los hombres eran cerdos, todos ellos. Astutamente, Ochún le prometió a la inocente Obba que, como su confidente, estaba lista para hacer todo lo posible por salvar el matrimonio que se rompía. "Esta noche", aconsejó, "prepárale a Changó su comida favorita, el quimbombó, junto con una guarnición de papilla de harina de maíz frita. De postre, una macedonia de frutas a base de manzanas troceadas y frutos de cactus. Y asegúrese de servir una copa del mejor vino tinto que puedas encontrar. Ahora, este es el ingrediente crucial para la comida. Corta una de tus orejas, pícala finamente y luego mézclala con el estofado de carnero y okra. Una vez que te coma, estará atado a ti para siempre". De alguna manera convenció a la incauta Obba de que la oreja de una mujer poseía cualidades afrodisíacas.

Horrorizada por la sugerencia, Obba sin embargo confió en Ochún, aunque eso significara imitar a tantas mujeres que se ven obligadas a automutilar su identidad por los caprichos de los hombres. Esa noche, Oba siguió las instrucciones de Ochún. Cuando Changó entró en su casa, hambriento después de una noche de juerga, inmediatamente se sentó a la mesa sabiendo que su sumisa esposa ya tendría una deliciosa comida preparada, aunque nunca estuvo segura de si él la bendeciría con su presencia en algún momento de la noche. Puede que ella no fuera capaz de excitarle, pensó para sí mismo, pero por los dioses, sí que sabía cocinar. Su visión era tan borrosa por el exceso de vino de palma que al principio no notó el vendaje sobre la oreja izquierda de la pálida Obba, que sobresalía por debajo del pañuelo rosa que llevaba en la cabeza para cubrir la evidencia de su acto. A la mitad de su comida, cuando su resaca comenzó a disiparse, finalmente miró hacia arriba para ver a su esposa sentada en silencio al otro lado de la mesa observando a su esposo como devoraba su comida. "Mmmm, hoy realmente te superaste a ti misma, querida esposa", dijo mientras masticaba su comida pensativamente. Solo entonces notó la venda sobre donde solía estar su oreja. "¿Qué le pasa a tu oído?", preguntó bruscamente entre bocado y bocado. "Un acto de amor", respondió astutamente. Pero Changó no estaba de humor para juegos esquivos. Repitió su pregunta, solo que esta vez, chispas de fuego en lugar de saliva salieron de su boca entre palabras.

Temerosa de incitar la ira de su marido en lugar de su pasión, Obba confesó lo que había hecho. Changó estaba asombrado y asqueado, pues detestaba cualquier tipo de deformidad. Su visión superficial de las personas medía el valor de estas más por su apariencia que por su carácter. La hermosa Obba ahora era horrible a sus ojos, con un muñón escabroso donde una vez estuvo su oreja. Profundamente asqueado y horrorizado, juró no volver a visitar su cama nunca más, declarando que de ahora en adelante viviría con su hermana Oyá. No había manera de que Obba pudiera volver a excitarle. Seguirían oficialmente casados, pero solo de nombre. Con ríos de lágrimas brotando de sus ojos, pidió perdón, pero sus súplicas cayeron en saco roto. Aun así, no era tonto. Es posible que Obba le repugnara, pero ella era rica, un medio para mantener su vida de ocio. Desde ese terrible día, llegó a ser conocida como la *orisha* patrona del hogar, del matrimonio y de las esposas abandonadas.

Los corazones solo se rompen cuando se entregan sin cuidado a los demás. Obba personificaba una historia de advertencia sobre amar al que es infiel y confiar en el que no es digno de confianza. Puede que Miguelito estuviera acostumbrado a los puñetazos y las patadas, pero más dolorosas eran las astutas traiciones. Toda una vida de traiciones y doble trato le han enseñado a no confiar en los blancos. Si bien fue aclamado como "un crédito para su raza", lo estafaron cuando llegó el momento de compensar sus servicios. Aunque como un profesor prolífico que publica más libros que todos los colegas blancos de su institución juntos, cuando descubrieron que era el miembro de la facultad mejor pagado, debido a las fórmulas de remuneración diseñadas años atrás por una generación anterior de educadores blancos con el fin de privilegiar la blancura, rápidamente decidieron, en nombre de la justicia, modificar su remuneración. El hecho de que fuera tan prolífico solo significaba que en realidad no podía ser un erudito. Como observó un colega: "Hay un problema cuando algunos publican demasiado por los beneficios financieros a corto plazo al generar más publicaciones, frente a algunos de nosotros que nos comprometemos con los beneficios a largo plazo de seguir una agenda de investigación compleja que podría no dar como resultado una publicación al año." A un perro de barrio, un "sudaca" sucio ilegal cuya única opción era asistir a un colegio comunitario, nunca se le puede permitir eclipsar a la gente blanca que ostentaba el pedigrí de Ivies.

Esperar lo peor facilita la aceptación. Si bien Miguelito siempre estuvo en guardia ante la presencia de blancos, especialmente de aquellos que afirmaban ser sus aliados, el dolor emocional causado por la traición de su propia comunidad resultó más atroz, más insoportable. ¿Qué fue lo que escribió la autora de principios del siglo XX, Zora Neale Hurston? "Todos mis colegas de piel no son parientes". Miguelito siempre estuvo dispuesto a hacer todo lo posible para ayudar a otros latinos que deseaban convertirse en eruditos y profesores. Rápidamente participaba en sus comités de disertación, brindaba oportunidades de publicación, escribía sólidas cartas de recomendación y proporcionaba las presentaciones adecuadas en todas las oportunidades de empleo para estos futuros académicos. Un estudiante en particular, Roberto, a quien Miguelito trataba como a un hijo, le causó tal dolor de cabeza que casi llevó al profesor todavía sin edad de retirarse, a jubilarse anticipadamente. Roberto era increíblemente alto y delgado, en realidad bastante demacrado. Le rogó a Miguelito que lo aceptara como alumno y con palabras que chorreaban miel, hinchó el frágil ego de Miguelito. Como la mayoría de los latinos que constantemente escuchan de sus colegas blancos que no pertenecen a los sagrados altos vuelos de la universidad, Miguelito desarrolló un síndrome de impostor. Independientemente de que fuera prolífico, vivía con un miedo injustificado de que los blancos lo acusaran de falta de rigor académico. Imprudentemente, dio demasiada importancia a lo que pensaban sus colegas blancos.

Obba creía que Ochún era una amiga, una hermana, por eso quedó destrozada por la traición. Incluso cuando la mirada de disgusto apareció en el rostro de Changó, y la traición de Ochún se hizo evidente a ojos de Obba, ella todavía se aferraba al mito de la hermandad. Al principio Miguelito no lograba comprender lo que estaba ocurriendo. Fue honrado cuando su gremio académico lo eligió su presidente. Pronunció el discurso plenario habitual basado en un libro publicado varios años antes sobre un concepto teórico que estaba desarrollando. Cuando presentó ampliamente su becario a sus compañeros, los verdaderos colores de Roberto quedaron expuestos. Durante aproximadamente un año, había estado publicando la investigación de Miguelito como suya propia. En lugar de admitir su fracaso, Roberto eligió un camino más fácil y cobarde, iniciando una campaña de rumores según los cuales era Miguelito el que estaba plagiando su trabajo. A través de un gran abuso con engaños para salvar las apariencias, se hizo un intento de destruir la reputación, el honor y la carrera de Miguelito. Los tesoros terrenales pueden robarse, pero la reputación y el honor de uno son los únicos elementos que cuando se despojan le dejan a uno más pobre.

Por supuesto, cualquier persona con internet podría haber descubierto que cinco años antes de que Roberto hiciera sus acusaciones, los argumentos que supuestamente plagió Miguelito ya estaban publicados en al menos dos de sus libros. Pero para algunos, el soplo del escándalo era más tentador para los oídos que el aburrimiento de los hechos. Varios compañeros blancos que no soportaban a Miguelito por múltiples razones, algunas por supuesto, justificadas, encontraron en la acusación un motivo más para dañar a su persona. Sus propios colegas en su institución, en lugar de insistir en realizar una investigación, permitieron que los rumores aumentaran, incluso asegurando que Roberto al final se graduaría. Por supuesto, si Miguelito hubiera sido blanco, se habría producido una respuesta diferente. Roberto habría sido expulsado por plagio.

Durante muchos años, Miguelito se negó a aceptar nuevos estudiantes de doctorado. El corte había demasiado profundo. Con el tiempo aprendió que proteger su corazón al no ayudar a otros latinos a triunfar era más dañino para su alma que el corazón roto por la traición. Aun así, luchó tratando de comprender por qué aquellos que sufren debido a la supremacía blanca derriban voluntariamente a los miembros de su propia comunidad entre los vítores y aplausos de la cultura dominante. ¿Por qué los oprimidos son como cangrejos en un balde?

Una de las alegrías de vivir en Miami durante la década de los 70 fue la pesca de cangrejos terrestres en Matheson Hammock, el primer parque donado a lo que eventualmente se convertiría en el condado de Miami Dade. Un bosque de manglares naturales sirvió como cobertura para esta pequeña y encantadora cala, brindando un escape de brisa fresca para las familias durante los ocho meses de la temporada de verano de Miami.

Debido al tamaño pequeño de la playa y las aguas relativamente poco profundas, los padres podían relajarse y dejar que sus hijos corrieran sin vigilarles para construir castillos de arena empapados con la fea arena gris de las cálidas olas.

A lo largo del camino largo y sinuoso que conducía al área de estacionamiento cubierta de asfalto hirviendo, que servía para anunciar la llegada de uno a Hammock, había un snack bar sin adornos y un puerto deportivo adyacente. Había algunas áreas en los arcenes de las carreteras donde los vehículos podían parar para hacer un picnic. Solo cuando salías del automóvil frente al pantano, podías avistar algunos senderos secos que conducían a lo profundo del tranquilo bosque. Durante gran parte de los meses más cálidos era imposible caminar demasiado entre los árboles porque ya a las nueve de la mañana el calor del sol caía sobre las aguas calmadas y atrapadas entre las largas raíces de los árboles, lo que hacía que el aire sofocante apestara. Tres tipos de árboles crecían en el lodo salobre: manglares rojos, negros y blancos, que parecían caminar sobre la tierra mientras sus largas raíces en forma de tubería literalmente levantaban el tronco del árbol del lodo apestoso. Las hojas de estos árboles erectos verticalmente con ramas aireadas expulsaban sal. Las semillas del mangle rojo en particular tenían un pie de largo y forma de lápiz. Con un sistema reproductivo asombroso, los jóvenes "vivos" permanecían conectados con sus padres hasta que pueden vivir por sí mismos. Un ecosistema vibrante alrededor de las raíces recolectaría una densa mezcla de hojas caídas y ramas, peces vivos, pequeñas criaturas terrestres y restos de animales en descomposición, que, junto con el secado del sedimento, con el tiempo, formarían más tierra seca.

Durante muchas décadas, se había convertido en una tradición anual para los lugareños ir a Matheson Hammock en la temporada de huracanes para cazar cangrejos terrestres azules. Antes del amanecer, los vehículos salían silenciosamente de Old Cutler Road, débilmente iluminado, y se dirigían al este en la oscuridad total hacia el océano. Unos minutos más tarde, los faros del automóvil revelaban millones de cangrejos hasta donde alcanzaba la vista, y la tierra misma parecía estar agitada con el chasquido de patas y garras trepando unas sobre otras en enormes actos de migración. Debido a la marea alta de la mañana, era necesario maniobrar para aparcar de manera segura sobre el océano de cangrejos en movimiento, asegurándose de girar las llantas hacia adentro contra la pendiente y saliendo del automóvil del lado del conductor lejos del pantano, porque abrir la puerta del pasajero significaba caer al agua llena de serpientes y quién sabe qué más. Había tantos cangrejos que era más fácil recogerlos a cubos que con una pala. Recolectar media docena de cubos de cangrejos era una tarea breve que duraba menos de diez minutos. Los cangrejos, agitando sus garras con enojo, inadvertidamente agarrarían las piernas de los pantalones de su captor por error y se aferrarían por su vida sin entender que su supervivencia dependía de soltarse.

Uno podía saber fácilmente quiénes eran los cangrejeros más expertos porque llegaban en vehículos viejos y maltratados. Independientemente de cuántos cangrejos se pudieran comer esa noche para la cena, parecía ridículo conducir todo este camino por un solo balde lleno cuando podrías hacerte con cientos de ellos igualmente, sin mencionar los precios exorbitantes que cobraban los restaurantes por la misma comida. Los cangrejeros experimentados traían a sus hijos para ayudar con la tarea de recoger, y después de colocar sus baldes de cangrejos en la parte trasera de una vieja camioneta, el miembro más joven de la familia recibía un palo para golpear a los posibles fugitivos de camino a casa. Así que, no era demasiado sorprendente encontrar un cangrejo azul aplastado en medio de Dixie Highway o incluso en las calles laterales mejor mantenidas a lo largo de Coral Way, a varias millas de la playa. Gaviotas y cuervos se alimentarían del heroico cadáver que había optado por una huida donde el pobre animal moriría aplastado. Después de salir del camión a toda velocidad y dejarse caer en una acera suburbana, el cangrejo al menos tendría la satisfacción de que una de sus garras pinchara un neumático en lugar de tener que soportar la indignidad y la muerte en una olla de sopa. Otros fugitivos, sin embargo, disfrutarían de la máxima venganza escondiéndose debajo del asiento de su capturador, solo para ser descubiertos cuando el asiento se cambiaba de posición. El crujido repentino sería seguido por un olor a muerte floreciente, haciendo que los manglares flotaran con su aroma para siempre en el vehículo.

Algunos de los cangrejos, sin embargo, parecen tener una mala disposición hacia los de su propia especie. Mientras los metían a todos en el balde blanco de su perdición colectiva, los cangrejos relegados al fondo pellizcaban las patas de los que intentaban escapar y los arrastraban hacia abajo. ¿Por qué estas criaturas con cerebro de crustáceo jugarían el papel de Judas y traicionarían a los suyos? Tal vez sea porque el cubo blanco es un entorno impuesto artificialmente. La necesidad de supervivencia triunfa sobre la sabiduría de la cooperación. En su hábitat natural, entre los olorosos manglares, cerca de las rocas donde las olas del mar rompen, los cangrejos trabajan juntos para ponerse a salvo unos a otros.

Ochún pudo haber ayudado a Obba, o al menos haberla advertido. Pero su traición rompió su vínculo de hermandad a favor de mantener a Changó en la misma posición, un papel que exigía el requisito de la traición. Oyá pudo haberse convertido en la amante de Changó, pero nunca pudo dejar de resistir la pasión sin intermediarios de Ochún. Si pudo seducir al gran Creador, Changó no tenía ninguna oportunidad. Tal vez se iría a vivir con Oyá, pero eso no puso fin a su afición por las mujeres. Sus numerosas citas con Ochún humillaron a Oyá, pero al mismo tiempo, ella no pudo tolerar sus visitas a su hermana. Y, como con aquellas personas con las que se convive íntimamente, Oyá pronto comenzó a conocer algunos de los miedos más ocultos de Changó. Su machismo jactancioso enmascaraba sus inseguridades ante los demás, pero Oyá rápidamente aprendió lo que más temía: la muerte. Una noche, Changó se puso su mejor chaleco rojo y se duchó poniéndose una colonia cara. "¿A dónde vas?" Oyá preguntó fríamente, sabiendo ya la respuesta. "Fuera", respondió secamente, "no me esperes despierta". Ella sabía muy bien que él iba a buscar de nuevo consuelo en los brazos de Ochún. El temperamento de Oyá comenzó a calentarse. Ya es más que suficiente, pensó. ¡Basta!

Al conocer su miedo a la muerte, y siendo la guardiana de las puertas del cementerio, Oyá convocó a un pelotón de difuntos para que se levantaran de sus tumbas y los colocó como centinelas que rodeaban su casa. Cuando Changó, bien vestido y perfumado, abrió la puerta principal para salir a pasar una agradable velada, se encontró cara a cara con los *Ikú*, los muertos. Horrorizado, cerró la puerta de golpe, echó el cerrojo y se escondió en su dormitorio. Con una sonrisa de suficiencia, Oyá logró su objetivo, mantener a su amante en casa y lejos de esa puta de Ochún.

Mientras tanto, Ochún comenzó a preocuparse cuando Changó no se presentó. Sí, era un irresponsable, pero hasta ahora, nunca la había dejado plantada. Al poco tiempo se enteró por Elleguá de lo sucedido. Era simplemente inaceptable. Ella había salvado a Changó de Obba, y ahora era el momento de salvarlo de las garras de Oyá. Se plantó fuera de la casa de Oyá y esperó pacientemente hasta que ella se fue para hacer unos recados. Cuando la costa estuvo despejada, Ochún se acercó a la casa. La orden de los *Ikú* era no dejar salir a Changó, pero no se ordenó nada que prohibiera la entrada a nadie.

Cuando la puerta se abrió después de llamar delicadamente, saludó a su amante con *Kawo Kabiesile*. Tan pronto como entró en el recinto, se abrazaron apasionadamente.

Allí y entonces, en la cama de Oyá, recuperaron el tiempo perdido. Mientras yacían disfrutando del calor mutuo de sus cuerpos después de una extasiada explosión de pasión, Changó, casi llorando, lamentó estar cautivo, prisionero en su propia casa. "No te preocupes *ifemi*, amado mío, te salvaré de Oyá." Con eso, saltó de la cama, se puso la falda amarilla, se arregló el cabello y se puso a trabajar. Primero fue al armario de Oyá y sacó una falda multicolor y una blusa negra. "Ponte esto", le gritó a Changó. Desconcertado, el macho guerrero vaciló. "He dicho que te pongas esto", repitió. No dispuesto a discutir, obedeció tímidamente.

Una vez que Changó estaba disfrazado, Ochún tomó un poco del maquillaje que Oyá guardaba sobre el tocador y se lo aplicó. Con polvo de cáscara de huevo le iluminó la cara. Tomando una granada de la cocina, molió las semillas y se las aplicó en los labios, dándoles un tono rubí. Cogió algunas raíces de remolacha del jardín, las molió, añadió un poco de azafrán y creó una sombra en polvo de color rojo anaranjado que le aplicó en los párpados. Entonces ella hizo lo impensable. Con un par de tijeras, cortó mechones de su cabello que agregó como extensiones al de él. El viril Changó se transformó en una bella mujer. Afortunadamente, su suave cara de bebé hizo que la transición fuera perfecta.

Con Changó ya preparado, Ochún aplicó la segunda fase de su plan. Siempre supo que podía seducir a dioses y hombres, pero ¿podría atraer a los muertos? Sólo había una manera de averiguarlo. Al abrir la puerta principal, llamó a los guardias para que se acercaran. Dudaron al principio, no queriendo abandonar sus puestos. Pero sus palabras suaves, sus ojos parpadeantes y su sonrisa coqueta hicieron que fuera difícil ignorarla. Cuando los *Ikú* se acercaron a la diosa de la lujuria, rápidamente sumergió los dos dedos en su miel y la rozó donde alguna vez existieron sus labios. Incluso los muertos están embriagados por su belleza, capaces de sentir el tintineo de la excitación dentro de la carne en descomposición. Momentáneamente extasiados, olvidaron por qué habían sido invocados para hacer guardia en esa casa. Justo después, Changó vestido de mujer salió al porche, pero los muertos apenas notaron al *orisha* disfrazado. Toda su atención se prestaba como si un láser se tratara en Ochún. Cruzando los brazos con Ochún, como hermanas que van de compras, Changó caminó audazmente a través de los desprevenidos *Ikú* que apenas miraban en su dirección.

Cuando Oyá regresó y descubrió que Changó se había escapado, se puso furiosa. Un torbellino estalló hacia los *Ikú* por su estupidez. Incluso cuando los hombres están muertos, todavía tienen el sexo en la cabeza y actúan como *comemierdas* totales cuando están en presencia de una mujer bonita. No queriendo esperar a que su ira descendiera, se apresuraron a regresar a sus tumbas, con la esperanza de descansar en paz. Oyá permaneció enojada durante un tiempo, pero eso también pasó. Incluso hacer el amor apasionadamente se vuelve tedioso después de un tiempo. Una vez que Changó se hartó de Ochún, regresó con Oyá, quien estimuló algo más que su miembro. Permanecieron juntos porque Oyá aprendió a ignorar su apego a las mujeres. Al final, la traición se quedó corta, pero desafortunadamente ganó el patriarcado y resistió el balde blanco de supremacía creado para los cangrejos.

En Elleguá creemos

En el pueblo de Kétou vivían, uno frente al otro, unos vecinos pendencieros que siempre encontraban una razón para ser desagradables. Peleaban por el último decreto emitido por el rey, discutían sobre qué *orisha* era el más poderoso o sobre qué tipo de sacrificio contenía más *ashé*. Incluso discutían sobre el clima, casi llegando a las manos. Era solo cuestión de tiempo antes de que uno de los vecinos matara al otro en un arranque de ira. Se sentaban en sus respectivos porches mirándose el uno al otro desde el otro lado de la calle, murmurando maldiciones en voz baja. Un día, el joven y juguetón Elleguá caminaba por el medio de la calle entre las dos casas, sin girar ni a la derecha ni a la izquierda. Más tarde esa tarde, los dos vecinos tuvieron una conversación, pero, como era de esperar, sus palabras pronto se calentaron. "¿Viste pasar a Elleguá esta mañana?" uno preguntó: "Llevaba un sombrero rojo, una camisa negra y pantalones rojos". "¡Ciego idiota!" replicó el otro. "Sí, ese era Elleguá, pero vestía un sombrero negro, una camisa roja y un pantalón negro".

"*¡Comemierda!*" fue la respuesta. "*¡Hijo de puta!*" gritó el otro. Justo cuando ambos bandos buscaban sus machetes, Elleguá apareció ante ellos comiendo dulces. Los vecinos miraron a Elleguá que ahora estaba frente a ellos y notaron la rareza de su atuendo. Su sombrero era de dos colores, negro en el lado derecho y rojo en el lado izquierdo. Su camisa era al revés, roja en el lado derecho y negra en el izquierdo, mientras que su pantalón hacía juego con el patrón de su sombrero, negro en el derecho y rojo en el izquierdo.

Ambos vecinos tenían razón, pero también estaban equivocados. Ese día, aprendieron una valiosa lección sobre la verdad. A menudo depende del punto de vista particular de cada uno. La realidad, como las tradiciones religiosas y los recuerdos, a menudo son ambiguas, dependiendo de dónde uno se encuentre, desde qué lado de la calle mire. Ser engañados por el tramposo llevó a los vecinos a admitir sus tontas discusiones y por primera vez se estableció la armonía entre ellos.

El travieso Elleguá, una figura contradictoria que odia a quienes están involucrados en actos de injusticia, existe en todas partes, sentado en cada encrucijada de la vida, ofreciendo mentiras para descubrir la verdad, robando para crear igualdad y alterando el statu quo para poder establecer armonía. Los primeros misioneros desestimaron a Elleguá como la encarnación africana de Satanás, sin saber que todas las tradiciones religiosas, incluso las que se encuentran en su preciosa Biblia, tienen figuras engañosas. Tramposos como Elleguá se dan cuenta de que, dentro de las estructuras opresivas, la única forma en que los impotentes pueden contrarrestar radicalmente a los que se benefician a su costa es *joder* el sistema. Mentir, engañar y bromear desenmascara verdades más profundas oscurecidas por moralistas opresivos. Miguelito, que se había enfrentado a la violencia física de niño y a la violencia institucionalizada de adulto, descubrió que Elleguá le proporcionaba un camino cuando no existía ninguno.

Además de servir como un medio para alterar la armonía que niega la vida de quienes están en el poder, el tramposo proporciona una forma de prosperar. Una vez, cuando Olodumare estaba enfermo y cerca de la muerte, todos los *orishas* se reunieron con la esperanza de encontrar una cura. Elleguá, un muchacho joven en ese momento no fue tenido en cuenta porque siempre estaba jugando trucos juveniles y tontos, por lo que, naturalmente, los *orishas* mayores no lo invitaron ni consultaron. Pero de lo que no se dieron cuenta es que debido a que él está en todas partes, escondiéndose detrás de cada puerta, siempre está viendo, escuchando, aprendiendo. Años de observación le habían proporcionado una riqueza de sabiduría y conocimiento. Como resultado, cuando escuchó los síntomas causados por la infección de Olodumare, inmediatamente supo qué combinación de hierbas lo curaría. Sin invitación, se presentó en la casa del gran Creador donde se habían reunido todos los *orishas* mayores. Incluso el *orisha* de las enfermedades, Babalú-Ayé, quedó estupefacto ante la dolencia y no pudo encontrar una cura. Al ver a Elleguá en la puerta se echaron a reír por su arrogancia. "Este niño cree que puede triunfar donde los más poderosos han fracasado", se burlaron. Mientras lo echaban de la casa, el debilitado Olodumare, en un susurro casi inaudible, les indicó que dejaran al joven solo ya que todos merecen una oportunidad.

El joven *orisha* corrió al lado de la cama de Olodumare y lo ayudó a beber un brebaje que había elaborado. En minutos, el color volvió a las mejillas de Olodumare. Media hora más tarde, bajó la fiebre y comió algo por primera vez en varios días. En una hora, estaba fuera de su lecho de muerte, caminando y riendo entre los otros *orishas*. Agradeció la cura que quizás no hubiera tomado por la arrogancia y el orgullo de los otros *orishas*. Tan agradecido estaba Olodumare que proclamó a partir de ese día, Elleguá sería el primero en ser honrado en cada ceremonia y sacrificio. Ninguna petición sería concedida por ningún *orisha* sin obtener primero la aprobación de Elleguá, sin importar lo insignificante que pudiera ser la petición.

Elleguá puede ser muy estimado entre los *orishas*, pero, en definitiva, ¿importa si siquiera existe? ¿O si los *orishas* son reales? Tal vez como los humanos, todos los dioses también deben bailar algún día con *Ikú*, la muerte. Los dioses existen mientras los humanos los recuerden y los alimenten con *ashé*. Una vez que son ignorados, se desvanecen en la nada, dejando atrás los edificios donde una vez habitaron como lápidas, trampas para turistas que no deben visitar los peregrinos, sino aquellos que reconocen cómo estos seres que alguna vez fueron poderosos han sido cruciales para formar e informar una cultura. Después de décadas viviendo en el vientre de un imperio industrial que no tiene más dios que el capital, tal vez los viejos dioses de Miguelito simplemente se están muriendo de hambre mientras pasan los años sin que les den de comer. Elleguá, como todos los demás *orishas*, y como cualquier otro dios que haya existido, sólo es real mientras haya humanos que lo proclamen. Pero incluso cuando los humanos insisten en olvidarlos, aún se mantienen en la brecha para servir y proteger.

"Le recogeré en 30", recibió Miguelito un mensaje. Miró su teléfono y gruñó. Se estaba haciendo demasiado viejo para esto. Con más de cuarenta libros publicados en su haber y mucha demanda, se vio obligado a reducir el número de conferencias a solo tres al mes. Como profesor de religión y ética, había muchos temas sobre los que hablar: la teoría crítica de la raza, la sanidad, la degradación ecológica o los abusos del neoliberalismo. La charla de hoy en la universidad era sobre inmigración. Ya había impartido esta conferencia muchas veces anteriormente. Acercándose a la mitad de los sesenta, Miguelito comenzó a pensar en la jubilación, por lo que, naturalmente, comenzó a reflexionar sobre cómo sería su última conferencia. Seguramente no sería la que estaba dando hoy, una charla estándar que, aunque importante, solo tocaría un aspecto de su actividad intelectual.

La habitación del hotel era agradable. Por lo general, las universidades organizaban alojamientos agradables. Si tenía que estar a más de mil millas de casa, lo menos que podían hacer es que se sintiera lo más cómodo posible. Ya estaba vestido. Todo lo que necesitaba era ponerse la pajarita, abotonarse el chaleco y calzarse las botas. La pajarita se había convertido en el símbolo de "resistencia" que usaba, un acto transétnico para parecer más blanco, no con el propósito de integrarse, sino como un accesorio para la supervivencia. Por mucho que Miguelito hablara y escribiera en contra de la supremacía blanca, se dio cuenta que cuanto más cerca se encontraba del ideal del hombre blanco, menores eran las luchas. Cuando uno piensa en los personajes que suelen usar pajaritas, desde los viejos profesores engreídos hasta el profesor chiflado, Miguelito, encauzando a Elleguá, estaba subvirtiendo juguetonamente cómo los blancos lo veían, cubriendo el cuerpo moreno que los blancos veían como inferior con los símbolos de la intelectualidad blanca. ¿Podría usar la "blancura" no solo como una forma de autodefensa, sino también como un medio para desmantelar la forma en que generalmente era definido y visto?

Miguelito, que vestía meticulosamente, entendió que lo que vestía negociaba no solo cómo se expresaba, sino que también servía como una identidad visual donde su cuerpo latino actuaba como un lienzo, un mediador, con el mundo exterior. Si la ropa es, de hecho, un lenguaje en sí mismo, un intento de obtener estatus y aceptación social era posible al vestir su piel morena con la imagen del poder. El "travestismo" en la blancura buscaba la aceptación en la comunidad académica que lo veía como un intruso, pero de la cual dependía su sustento. Otros profesores blancos de su institución, en una estúpida postura por parecer tan jóvenes como sus estudiantes, usaban camisetas y jeans en lugar de chaquetas, creyendo que las corbatas que usaban eran una barrera que los distanciaba de sus estudiantes. Buscaban crear un estado de eterna adolescencia, un intento melancólico de permanecer en la misma edad que sus alumnos.

Cuando era un profesor joven, Miguelito intentó imitar el código de vestimenta de sus profesores blancos. Pero la evaluación de fin de curso (de la que dependían los aumentos de sueldo y la titularidad) registró múltiples comentarios en los que los estudiantes no se "sentían seguros" con él, especialmente sus alumnas blancas. Los años en los que se les enseñó a tener miedo de los latinos (violadores, ladrones y pandilleros) no se disiparon cuando se encontraron en clase bajo la tutela de un hombre moreno. La imagen del peligroso hombre latino era demasiado para que simplemente la dejaran de lado. Tantas valoraciones negativas, amenazando su sustento, obligaron a Miguelito a realizar un experimento. Fomentó la blancura usando una pajarita para suavizarlo. Inmediatamente, al final del siguiente semestre, las evaluaciones de sus cursos se dispararon hasta estar entre las más altas de la escuela.

Al apropiarse del traje históricamente usado por los hombres blancos con poder dentro de la academia, Miguelito desestabilizó y alteró cómo sus alumnos le miraban. Sus conferencias no cambiaron, solo su ropa. Debido en parte a esta mirada, fusionada por siglos de discriminación étnica, este hombre latino se vio obligado a vestirse mejor para ser reconocido por tener las credenciales académicas adecuadas para enseñar a estudiantes predominantemente blancos. Mientras que sus colegas blancos podían ser vistos como "geniales" por enseñar con una camiseta, a Miguelito, a quien constantemente se le cuestionaba su credibilidad como profesor, simplemente le faltarían el respeto y lo despedirían. No, él no estaba tratando de integrarse; simplemente vestía un disfraz de profesor que le cubría, una táctica de supervivencia contra el trato grosero de los estudiantes y colegas cuyo fanatismo les permitió descartar fácilmente al latino como un profesional creíble en el aula.

Una última mirada en el espejo. *¡Bello como un camello!* Tomó sus notas y se dirigió al vestíbulo donde su anfitrión ya lo estaba esperando. "Boo-eeno day-isss", lo saludó su invitado en una mutilación del lenguaje de los ángeles. "Buenas tardes", respondió Miguelito, habiendo escuchado este tipo de gestos tantas veces antes. "Estoy muy agradecido por su amable invitación". Una pequeña charla siguió de camino a la universidad. Siempre una pequeña charla sin trascendencia. Cómo odiaba Miguelito esta parte de sus viajes. Cuando llegaron, el auditorio estaba repleto de ruidosos estudiantes universitarios. Aunque los días de distanciamiento social eran cosa del pasado; aun así, años de máscaras y cuarentenas lo dejaron algo receloso cada vez que se encontraba en grandes reuniones públicas. Poco después de llegar, su aprensión se intensificó por otras razones. A diferencia de otros eventos de oratoria, esta vez fue recibido por la policía del campus, que lo llevó rápidamente a una habitación contigua. Ciertamente fue extraño, y estaba un poco decepcionado por no haber podido mezclarse con algunos de los estudiantes antes de su presentación. "Buenas tardes Dr. De La Cruz", comenzó el oficial. "Perdone la presencia de las fuerzas del orden. En un acto de cautela, hemos decidido asistir a su charla. Debido a que esta es una conferencia pública sobre un tema tan controvertido, pensamos que sería prudente estar presentes".

"La inmigración solo es polémica por la histeria anti latina", pensó Miguelito. El odio hacia los latinos se había vuelto aún más acuciante desde que el expresidente de la nación, durante el lanzamiento de su carrera política, se refirió a ellos como personas que provocaban muchos problemas, que eran delincuentes y violadores. Proporcionó una excusa para que todos los enemigos oprimidos y los chiflados salieran a las calles. Una vez en el cargo, el presidente se movió rápidamente para arrancar a los niños morenos de los brazos de sus padres en la frontera y los colocó en jaulas o campamentos como el de Tornillo, Texas. El cristianismo blanco ahora se había expuesto a sí mismo como un cadáver en descomposición cuya lealtad a un anticristo, es decir, una persona que es anti, lo opuesto a las enseñanzas del evangelio de Cristo, ahora operaba como Ikú: la muerte disfrazada de ángel de luz. Desde que el presidente número 45 comenzó su mandato, hubo tal aumento en los crímenes de odio dirigidos a los latinos que Miguelito comenzó a sentir aprensión cada vez que viajaba, especialmente a aquellos estados donde el apoyo al expresidente se mantenía en un punto álgido, estados como en el que se encontraba hoy.

"La policía ha detectado algunas conversaciones en la web oscura sobre la conferencia de hoy", continuó el oficial de seguridad de la universidad. "Sospechamos que alguien, o varias personas, pueden intentar interrumpir su charla. Por eso, hemos colocado un oficial en cada punto de entrada y hay varios oficiales vestidos de paisano sentados en la audiencia. Estaré presente constantemente a la izquierda del escenario. Si algo sucediera, diríjase rápidamente hacia mí.

"¿Están amenazando mi vida?" preguntó Miguelito, sin sorprenderle demasiado. Al fin y al cabo, un grupo conservador lo había incluido en una lista de observación de profesores que lo etiquetaba como un académico peligroso por lo que enseñaba.

"Bueno, sí", admitió el oficial. "Pero tal bravuconería es muy habitual. Aunque no nos tomamos en serio la amenaza de muerte, pecamos de cautela y creemos que nuestra presencia visible tendrá un efecto calmante". Dejemos que piensen que la presencia de armas en la sala va a crear una atmósfera más controlada.

Esta no era la primera vez que Miguelito recibía una amenaza de muerte. Sus reclamaciones por justicia social eran una forma de atraer chiflados, como moscas a la luz. Había aprendido a tomarse con calma tales actos verbales de bravuconería de la extrema derecha. ¿Quizás años de palizas físicas por parte de los blancos lo han vuelto insensible a sus amenazas? Cuando compartió estas amenazas con sus colegas, algunos comentaron el valor que tenía por hablar de esos temas. Tales respuestas fueron tanto ingenuas como inútiles. Levantar la voz por los que no tienen voz nunca debe considerarse un acto de valentía, ya que es simplemente un acto de decencia humana. La humanidad de uno se reclama cada vez que se solidariza con los marginados y desposeídos del mundo, con aquellos relegados a los márgenes de la supremacía blanca.

"No podrá mezclarse con los estudiantes después de su presentación ni podrá firmar libros. Saldrá inmediatamente del escenario donde su chófer lo estará esperando para llevarlo de regreso al hotel".

"Sí, sácame del campus lo antes posible", pensó Miguelito, "para que ya no tenga que ser tu responsabilidad". No poder charlar con los estudiantes, la parte del trabajo que más disfrutaba fue decepcionante, pero a regañadientes lo entendió. Así que, simplemente se sentó en la anodina y aburrida habitación gris con su guardaespaldas, esperando el momento de dar su conferencia.

En la parte trasera del auditorio lleno de varios cientos de estudiantes estaba sentado Charles Sweat, pero sus amigos, cuando tenía amigos, simplemente lo llamaban Chuck. A pesar de que tenía veintitantos años, su cara de bebé luchaba por dejar crecer una barba rubia irregular, lo que le permitía encajar fácilmente entre la multitud. Decidió ver por sí mismo de qué se trataba todo este alboroto cuando apareció en uno de sus sitios web de extrema derecha, anunciando que otro "sudaca" pro-inmigrante iba a dar una conferencia sobre la necesidad de derribar el muro que supuestamente había construido el expresidente; este muro que salva vidas y mantiene alejados a los bárbaros morenos que amenazan la vida y la seguridad de los trabajadores estadounidenses blancos como él. Los estadounidenses estaban siendo reemplazados por un pueblo mestizo, y tenía que detenerse, por cualquier medio que fuera necesario. Había varias publicaciones de otros hombres y mujeres de ideas afines que también planeaban hablar y causar problemas. "Causar problemas, ¿qué significa exactamente eso?" Chuck pensó para sí mismo. Se estaba impacientando con los llamados defensores de la civilización blanca que eran pura palabrería, pero nada de acción. "Si vamos a hacer que Estados Unidos vuelva a ser grandioso, entonces debemos tomar medidas audaces y agresivas, como lo hicieron los patriotas de antaño en 1776".

Irónicamente, Chuck nunca había pensado demasiado en los problemas raciales mientras se criaba. Se educó en una familia políticamente moderada. Su padre se inclinaba hacia las ideas republicanas conservadoras, atraído por su plataforma de impuestos bajos. Su madre, por otro lado, prefería a los demócratas liberales debido a su compromiso con los derechos de natalidad. Sin embargo, tampoco eran fanáticos, siempre dispuestos a encontrar un compromiso en algún punto intermedio. ¿Qué pasaría si sus votos se enfrentaban entre sí? La política nunca fue algo demasiado importante para ellos. Se apresuraron a recordar a cualquiera que quisiera escuchar que no albergaban un ápice racista en sus mentes. Su "daltonismo" se podía corroborar por el hecho de que tenían un amigo muy querido y cercano que era negro y que siempre era abiertamente invitado a cualquier evento que organizaran. Por supuesto, su padre a veces soltaba la broma ocasional de n * gger o ch * nk cuando ese tipo de personas excedían su estatus para obtener una ventaja injusta, pero en general no reparaban en el color de las personas y le enseñaron a su hijo de la misma manera. Había buena gente en todos los lados. Por tanto, durante la mayor parte de su vida, Chuck fue, como la mayoría de las personas blancas, aceptando todas las razas. Pero las realidades de la edad adulta comenzaron a hacerle cambiar de opinión.

Confesión de Miguelito

Pudo encontrar un trabajo como ayudante del gerente en una tienda local de comida rápida después de haber terminado dos años de universidad comunitaria. El sueldo no era demasiado bueno, pero al menos nunca se moriría de hambre y podría comer todas las hamburguesas que quisiera. Aunque socialmente incómodo, tenía una relación sentimental con una chica que estaba a punto de cumplir dieciocho años. La gente pensaba que era demasiado joven, pero no conocían a Molly como él. Era realmente inteligente y sensible, y tampoco era fea, era bastante hermosa. Y aunque habían estado saliendo durante solo cinco meses, ella había sido su primer encuentro sexual. Hasta Molly, era un célibe involuntario (incel); sin ella, probablemente todavía lo sería. Iban a estar juntos para siempre, pensó. Ese había sido el plan hasta que Pablo empezó a husmear. Pablo, solo un año mayor que Molly, por lo tanto, más cercano a su edad, comenzó a trabajar en la misma hamburguesería. Un día, Chuck los pilló a los dos hablando entre ellos. Simplemente no podía entender cómo una chica blanca como Molly podía hablar con ese tipo. Pablo era todo lo que Chuck no era. Pablo era delgado y cuidaba su salud, Chuck estaba gordo y comía mal. Pablo iba siempre bien arreglado y se enorgullecía de su higiene personal, Chuck se descuidaba, pasaba días sin ducharse, con suciedad constante debajo de las uñas. En general, Chuck se sentía satisfecho con este trabajo, pero Pablo parecía tener sueños más grandes, como querer ser médico, y estaba ahorrando dinero para la universidad. Primero, Pablo y Molly quedaron para tomar un café, luego para cenar y finalmente para ver Netflix y relajarse.

254

Al principio, Molly seguía con su relación, pero pronto rompió con Chuck.

Chuck quedó devastado cuando su mundo se hizo añicos. Nadie volvería a amarlo como Molly, pensó. «Maldito espalda mojada», a pesar de que Pablo había nacido en el mismo hospital del condado que Chuck. Decidió esperar a que Pablo cometiera un error para poder despedirlo. Muy pronto, un cliente se quejó de que Pablo se había equivocado en su pedido, aparentemente olvidándose de agregar patatas fritas a la hamburguesa. Sin verificar primero si Pablo tenía la culpa, Chuck instantáneamente le gritó y lo despidió. Pablo protestó porque otros empleados también habían preparado pedidos incorrectos, pero nunca los habían despedido por eso. Fue lo suficientemente inteligente como para darse cuenta de que su despido no tenía nada que ver con las patatas fritas olvidadas, sino porque Chuck estaba muy enfadado por la pérdida de Molly. Cuanto más se quejaba, más se enfadaba Chuck. ¿Cómo se atrevía este extranjero a cuestionarlo, no era él el jefe? Chuck imprudentemente gritó: "¿Qué te pasa? ¿No puedes hablar inglés correctamente? ¡Maldita sea "sudaca", estás despedido, fuera de aquí inmediatamente!"

Cuando en la sede central se enteraron del incidente debido a una denuncia de discriminación racial presentada por Pablo, fue Chuck quien fue despedido. Ser despedido por una queja racial en su expediente laboral hizo que fuera aún más difícil conseguir otro trabajo. Había perdido al amor de su vida, el trabajo de sus sueños, y pronto perdería su apartamento y su vehículo sería embargado. Se estaba quedando sin dinero y tendría que volver a vivir en el sótano de sus padres.

Con mucho tiempo disponible, Chuck comenzó a vivir en línea, navegando por la web en busca de sitios que lo ayudaran a comprender mejor por qué había perdido su trabajo. Se sintió atraído por los sitios web donde otras personas blancas decían las mismas cosas que él sentía pero que tenía dificultades para expresarlo con palabras. Comenzó a comprender que su pérdida no fue culpa suya mientras leía los desvaríos enojados que publicaba la gente. "Todo esto es tan cierto...", se encontró diciendo una y otra vez a medida que las palabras y las imágenes que veía se volvían más insistentes, incluso violentas. Estos "sudacas" se están haciendo con el control, están controlando nuestros trabajos gracias a las medidas de defensa de las minorías, incluso controlando a nuestras mujeres. Había que hacer algo radical. Al principio, encontró consuelo en un presidente que hablaba de construir muros para proteger a los estadounidenses de las caravanas errantes de personas de color. Se regocijó cuando se cerraron los aeropuertos a los terroristas musulmanes. "Si ese muro se hubiera construido hace décadas, personas como Pablo no estarían ilegalmente en este país, quitando las mujeres y los trabajos a los blancos, reemplazándonos", se dijo a sí mismo, mientras pasaban imagen tras imagen de jóvenes blancos enojados en la pantalla de su dispositivo. No importaba que Pablo hubiera nacido en Charlotte. El hecho de que tuviera un nombre que sonaba divertido y padres inmigrantes significaba que no pertenecía a esa sociedad. "Todos deberían volver a los países de mierda de donde vinieron", pensó completamente convencido.

Chuck decidió involucrarse, se sentía cada vez mejor con cada nueva reunión o evento al que asistía. Participó activamente en la recuperación de su país, manifestándose en Charlottesville para unir a la derecha; compareció ante los congresos estatales exigiendo liberar a los estados de los gobernadores demócratas que utilizaban el engaño del COVID para limitar las libertades civiles; ondeó un póster de "Blue Lives Matter" en mítines exigiendo una justicia que ya todos sabían. Se enfureció contra lo que los medios de noticias falsas mantenían oculto; cómo George Floyd, un conocido criminal, obtuvo su merecido por resistirse a aquellos que juraron servir y proteger a la nación. Con mucho tiempo disponible, incluso se unió a otros Proud Boys en Washington DC que protestaban por las elecciones robadas el 6 de enero, golpeando a uno de los policías del Capitolio con el mástil del que colgaba la bandera con la línea azul.

Una vez más, era un célibe involuntario, incapaz de encontrar otra novia. Igual de devastador, fue su imposibilidad de conseguir otro trabajo. La furia de Chuck por la pérdida le cegó la realidad. Entonces, cuando vio el anuncio de que un fanfarrón iba a hablar sobre abrir las fronteras y dejar entrar a todos los traficantes de drogas, asesinos y violadores, Chuck supo que esta podría ser una oportunidad para reunir a verdaderos estadounidenses con el fin de terminar ese maldito muro. Era necesario un gesto dramático. Escribió un manifiesto lleno de errores ortográficos y gramaticales, en caso de que algo le sucediera, y lo tenía listo en la bandeja de salida de su correo electrónico, desde donde podía enviarlo una vez que aprovechara cualquier oportunidad que se presentara.

Esa mañana, mientras estaba sentado en la audiencia esperando que hablara la bola de grasa, trató de escuchar algunas de las conversaciones que ocurrían a su alrededor. Algunas personas sonaban como verdaderos fans, por el amor de Dios. "Qué idiotas, que jodidos idiotas", pensó para sí mismo. "Demasiada educación solo te hace más estúpido". Pero escuchó algunos comentarios sobre estar hartos de "los agresores raciales traficando con la culpa blanca". Miró alrededor de la habitación y notó la cantidad de personal policial. "Joder", se dijo a sí mismo. Esos tipos definitivamente están del lado equivocado y me van a arruinar", pensó. "Mierda, qué desperdicio". Tal vez debería simplemente irse, pero decidió quedarse un rato, solo para escuchar qué tipo de mentiras iba a escupir el ponente por su boca "sudaca" embustera.

A la 1 en punto del mediodía, notó que un hombre un poco mayor con cabello canoso se acercaba al podio. Probablemente esté usando la fórmula "Just for men", pensó Chuck. No parecía un "sudaca". De hecho, era bastante blanco. Pero si había alguna duda acerca de dónde era el hablante, la primera oración con mucho acento, que enfureció a Chuck, lo delató: "Todo el cristianismo blanco es perjudicial para las comunidades de color. ¡Por la supervivencia de los latinos, debe ser rechazado!" "¡Mierda! ¡Qué descaro, qué desfachatez, maldita sea! pensó Chuck. Estos tipos de profesores son peligrosos. Hay una razón por la que Hitler reunió a los profesores universitarios y se deshizo de ellos antes de abordar el problema judío. "Esa jodida teoría crítica de la raza estaba arruinando este país". Cuanto más escuchaba al Dr. De La Cruz, más enojado se ponía Chuck. Al final de la conferencia llegó el remate: "Cuando una nación construye caminos en otra nación, a través de la diplomacia de los cañoneros o el establecimiento de repúblicas bananeras, para robar sus materias primas o conseguir mano de obra barata, ¿por qué nos sorprende que ese pueblo procedente de los países invadidos sigue esos mismos caminos para recuperar todo lo que les ha sido robado?". deberíamos sorprendernos cuando la gente de esos países invadidos toma esos mismos caminos siguiendo todo lo que les ha sido robado."

Chuck ya no aguantaba más allí escuchando esa diarrea de palabras. De repente se puso de pie. Con los puños apretados, miró al orador. Los estudiantes sentados a su alrededor miraron hacia arriba con curiosidad, notando su cara enrojecida llena de rabia. El personal de seguridad también desvió su atención hacia él. La mirada de indignación continuó. Pero el orador, leyendo sus notas, no se dio cuenta del joven. No se notó que era solo un desaire, más sentido profundamente por Chuck que por los demás. Los guardias de seguridad comenzaron a moverse hacia él. Sin ninguna opción real disponible, se dirigió a la puerta trasera murmurando algo como "blut und boden"*. Una vez que se fue, los guardias se relajaron y regresaron a sus puestos mientras el Dr. De La Cruz terminaba su conferencia.

Afuera, Chuck se autoflagelaba por su cobardía. Aquí había venido a hacer un gran gesto, y pocas personas habían notado siquiera su patético acto de desafío. Al igual que los demás en esos sitios web, no había cumplido con lo que predicaba. Apoyado contra la puerta del pasajero del Chevy de su padre, fumaba un cigarrillo y trataba de calmarse. No hay mucho más que hacer excepto volver a casa, pensó. Fue entonces cuando por el rabillo del ojo vio una oportunidad. Cuando los estudiantes salían del auditorio, pasó un sedán azul. Sentado en el lado del pasajero estaba el orador, sonriendo y riendo con el conductor. Sin duda, se estaba burlando de Chuck por obligarlo a sentarse en la parte trasera del auditorio y aceptar sus insultos racistas. Chuck se subió rápidamente a su automóvil, encendió el motor y, sin pensarlo bien, comenzó a seguir al sedan azul. Una vez que salieron del campus, el destacamento de seguridad se fue por caminos separados. Chuck lo siguió durante menos de cuatro millas hasta el lujoso hotel cerca del campus. Era el tipo de hotel que Chuck nunca podría permitirse, un hotel que en una época más simple atendería solo a blancos como él. Aparcó rápidamente y se coló en el vestíbulo, justo a tiempo para ver entrar al profesor por las mismas puertas correderas automáticas. Chuck se movió rápidamente para llegar a los ascensores antes que el Dr. De La Cruz. Cuando el profesor se acercó, Chuck notó que se había desabrochado la pajarita. Apenas se abrieron las puertas del ascensor, un pequeño negrito, de unos ocho años, salió corriendo, chocando con las piernas del profesor, manchándole los pantalones con las manos pegajosas de chocolate, por la chocolatina que acababa de comerse. El chico levantó la vista, sonrió y salió corriendo. Miguelito, tratando de limpiarse el chocolate de los pantalones, simplemente se rio entre dientes, contento de haber traído ropa extra. Antes de entrar en el ascensor, Chuck ya había entrado en él, pulsó el botón del último piso y se apoyó contra la pared trasera. El Dr. De La Cruz lo siguió, perdido en sus propios pensamientos, y presionó el botón del sexto piso, parado de espaldas a Chuck, mirando en cambio hacia el frente del elevador. Realmente no notó al otro pasajero, excepto por un olor momentáneo de un cuerpo sin lavar.

Cuando las puertas comenzaron a cerrarse, el profesor estaba absorto en reescribir mentalmente un párrafo difícil para un ensayo que estaba terminando, Chuck tocó el revólver especial Smith and Wesson M&P BodyGuard 38 en su bolsillo para tener coraje. Las puertas se cerraron y el ascensor comenzó su trayectoria ascendente. El recorrido hasta la sexta planta tardaría menos de tres minutos. En algún lugar mientras pasaba el tercer piso, Miguelito estaba llegando a la solución para componer mejor académicamente lo que quería decir. Chuck, mientras tanto, estaba perdido en pensamientos delirantes de gloria, imaginando cómo finalmente se haría famoso, recordado como un verdadero héroe y patriota por alentar a otros blancos oprimidos a tomar medidas contra aquellos que contribuían a su sometimiento.

Para cualquiera en el sexto piso que esperase para bajar, el sonido de la campana anunciaba que el ascensor había llegado. La campana sonó en vano porque nadie esperaba. Las puertas se abrieron, sin revelar a nadie en particular, nada fuera de lugar que hubiera podido ocurrir en el trayecto ascendente. El Dr. De la Cruz salió dejando atrás al otro pasajero del ascensor para que continuará su subida. Tan insignificante era el otro pasajero para Miguelito, que apenas se dio cuenta de que no estaba solo en el ascensor. Pero tal vez si hubiera prestado atención, podría haber observado una expresión de dolor y vergüenza en el rostro de su compañero de viaje. Cuando las puertas se cerraron detrás de él, Miguelito simplemente no se dio cuenta de que lo que quedaba atrás era algo más que Chuck, ya que, sin que ambos lo supieran, otro cabalgaba en silencio con ellos y, afortunadamente para Miguelito, no era Ikú.

Puede que Miguelito ya no creyera en Elleguá, pero Elleguá seguía creyendo en Miguelito. La razón y la ciencia gobernaban la mente del profesor, pero lo espiritual continuó dictando su corazón, a pesar de sus intentos de rechazar intelectualmente a los dioses para guiar sus pasos. Habría sido más fácil morir como mártir, porque vivir de acuerdo con las propias convicciones es mucho más difícil, como lo prueba la forma en que Miguelito siempre se quedaba corto a la hora de activar los ideales que enseñaba. Elleguá el bromista, siempre trastornando los finales predestinados, simplemente impidió una conclusión sencilla y esperada de la historia. En el momento en que Chuck estaba decidido a actuar, en algún momento antes de llegar al cuarto piso, Elleguá, aunque anémico por no haber sido alimentado por Miguelito durante décadas y, por lo tanto, sin el *ashé* necesario para protegerlo, trajo a la mente del enojado joven todos sus pensamientos. sentimientos de duda y autodesprecio, inundando su mente con recuerdos de su infancia, de sus padres, de su adolescencia, de no poder satisfacer a Molly.

Afortunadamente, esta tarea no fue demasiado difícil de realizar y no fue necesario gastar mucho *ashé*. Los ojos de Chuck se nublaron y su cuerpo se relajó momentáneamente mientras su mente vagaba en un torbellino de pensamientos y emociones brumosas.

Miguelito, como todos los latinos en los Estados Unidos, continuaría enfrentándose a los peligros de ocupar un cuerpo latino, sin importar lo clara que fuera la pigmentación de su piel. Ser latino se recompensa con un desempleo desproporcionadamente más alto y una mayor pobreza. Cuando las pandemias asolaron la tierra, los latinos tenían más probabilidades de infectarse y morir. Es más probable que sus hijos sean arrojados a las jaulas. Las pajaritas son insuficientes para proteger el genocidio silencioso que ocurre en las fronteras de la nación. Y mientras Chuck pasará a la historia como otro don nadie, los latinos probablemente seguirán muriendo a manos de todos los demás Chucks del mundo, ansiosos por una guerra racial apocalíptica impulsada por un odio aprendido que proporciona una respuesta simple a su decadente movilidad económica. Miguelito caminó por el pasillo hacia su habitación, muy complacido consigo mismo y un poco orgulloso por haber encontrado una conclusión para su próxima tesis académica.

Un día impartirá una conferencia final, pero no hoy. Un día habrá un baile final con Ikú, pero no hoy. A diferencia de su padre, estará rodeado de aquellos a quienes ha amado y que lo han amado mientras yace en su lecho de muerte. Quizás Elleguá esté allí para saludarlo, o tal vez no. Tal vez haya un túnel con una luz al final, o amigos que guíen su camino o tal vez no. Quizá esta vida es todo lo que hay, y no hay nada más, a medida que su conciencia se desliza en el olvido. Pero ¿importa realmente? En la desesperada existencia a la que se enfrentan tantas personas en el mundo con un sufrimiento atroz, por la violencia, por el hambre, por el exilio forzado, por el racismo institucionalizado, por la ignorancia, el descuido y la indiferencia, quizás lo único que importa , que hace que valga la pena vivir la vida, y que proporciona propósito y significado, es seguir luchando por la justicia, una justicia que nunca será total, para seguir resistiendo a todos los que menosprecian a los latinos, para simplemente acabar con un grito: *"Lo que me dio Elleguá no hay quién me lo quite - ¡Ashé!"*

Miguel A. De La Torre es un profesor de religión que enseña ética, específicamente la intersección de la fe con las estructuras opresivas, específicamente el racismo, el clasismo, el sexismo y el heterosexismo. Autor de más de cuarenta y tres libros, es probablemente el estudioso de la religión latinx más publicado.

www.ingramcontent.com/pod-product-compliance
Lightning Source LLC
Chambersburg PA
CBHW011214120626
46545CB00008B/2984